교과서 문해력

교과서가 술술 읽히는 서술어

서술어, 왜 공부할까?

서술어는 무엇일까?

서술어란 문장에서 '누가/무엇이 **어찌하다**',

'누가/무엇이 **어떠하다**', '누가/무엇이 **무엇이다**'에서

'어찌하다', '어떠하다', '무엇이다'에 해당하는 낱말을 말해요.

문장에서 직접 살펴볼까요?

'주하가 달린다.'에서 '**달린다**',

'노을이 아름답다.'에서 '**아름답다**',

'주하는 학생이다.'에서 '**학생이다**'가 서술어죠.

서술어는
문장에서 중요한 역할을 하기 때문에
서술어를 이해해야 문장의 뜻을
완전하게 이해할 수 있어!

교과서 문해력을 높이는 데 서술어 공부가 도움이 될까?

교과서 읽기에서 서술어가 중요할까요?
YES
문장으로 읽고 말하는 교과서,
서술어가 문장을 완성해요!

개념어만 알면 개념을 아는 걸까요?
NO
'개념어+서술어'로 구성된 개념 문장,
서술어에 따라 개념이 달라져요!

한 번에 한 과목만 공부해야 할까요?
NO
공통으로 사용하는 서술어를 기준으로,
여러 과목을 한 번에 공부할 수 있어요!

함께 서술어를 공부하고 나면
교과서 문해력이 쑥쑥 높아져서
교과서가 술술 읽힐 거야!

교과서가 술술 읽히는 서술어

3-4학년군 구성

3A, 3B, 4A, 4B

3A

국어	싣다　전하다　비슷하다　활용하다　검색하다
수학	기록하다　덜다　본뜨다　헤아리다
사회	생활하다　편리하다　관리하다　구하다　거치다
과학	유지하다　타다　생기다　급하다　저장하다　뽑히다

3B

국어	점검하다　소통하다　보완하다　설득하다　간추리다　수확하다
수학	해석하다　고정하다　수집하다
사회	시행하다　해소하다　지원하다　발생하다　참여하다　판매하다
과학	차지하다　환기하다　둘러싸다　확산되다　잠기다

영역	과목	교재	P1	P2	P3	1A	1B	2A	2B	3A	3B	4A	4B	5A	5B	6A	6B	7A	7B
쓰기력	국어	한글 바로 쓰기	P1	P2	P3														
			P1~3_활동 모음집																
쓰기력	국어	맞춤법 바로 쓰기				1A	1B	2A	2B										
어휘력	전 과목	어휘				1A	1B	2A	2B	3A	3B	4A	4B	5A	5B	6A	6B		
어휘력	전 과목	한자 어휘				1A	1B	2A	2B	3A	3B	4A	4B	5A	5B	6A	6B		
어휘력	영어	파닉스				1		2											
어휘력	영어	영단어								3A	3B	4A	4B	5A	5B	6A	6B		
독해력	국어	독해	P1	P2		1A	1B	2A	2B	3A	3B	4A	4B	5A	5B	6A	6B		
독해력	한국사	독해 인물편								1 ~ 4									
독해력	한국사	독해 시대편								1 ~ 4									
계산력	수학	계산				1A	1B	2A	2B	3A	3B	4A	4B	5A	5B	6A	6B	7A	7B
교과서 문해력	전 과목	교과서가 술술 읽히는 서술어				1A	1B	2A	2B	3A	3B	4A	4B	5A	5B	6A	6B		
교과서 문해력	사회	교과서 자료 독해								3-1	3-2	4-1	4-2	5-1	5-2	6-1	6-2		
교과서 문해력	수학	문장제 기본				1A	1B	2A	2B	3A	3B	4A	4B	5A	5B	6A	6B		
교과서 문해력	수학	문장제 발전				1A	1B	2A	2B	3A	3B	4A	4B	5A	5B	6A	6B		
창의·사고력	전 과목	교과서 놀이 활동북		1 ~ 8															
창의·사고력	수학	초등 수학 놀이 활동북	1 ~ 10																

표 상단 구분: 예비 초등 / 1-2학년 / 3-4학년 / 5-6학년 / 예비중등

* 완자 공부력 신간은 계속해서 출간됩니다.

세상이 변해도
배움의 즐거움은
변함없도록

시대는 빠르게 변해도
배움의 즐거움은
변함없어야 하기에

어제의 비상은
남다른 교재부터
결이 다른 콘텐츠
전에 없던 교육 플랫폼까지

변함없는 혁신으로
교육 문화 환경의 새로운 전형을
실현해왔습니다.

비상은 오늘, 다시 한번
새로운 교육 문화 환경을 실현하기 위한
또 하나의 혁신을 시작합니다.

오늘의 내가 어제의 나를 초월하고
오늘의 교육이 어제의 교육을 초월하여
배움의 즐거움을 지속하는 혁신,

바로, 메타인지 기반 완전 학습을.

상상을 실현하는 교육 문화 기업 비상

메타인지 기반 완전 학습
초월을 뜻하는 meta와 생각을 뜻하는 인지가 결합한 메타인지는
자신이 알고 모르는 것을 스스로 구분하고 학습계획을 세우도록 하는
궁극의 학습 능력입니다. 비상의 메타인지 기반 완전 학습 시스템은
잠들어 있는 메타인지를 깨워 공부를 100% 내 것으로 만들도록 합니다.

차단하다	솟다
지정하다	새기다
공유하다	대처하다
제외하다	구별하다
보관하다	확대하다

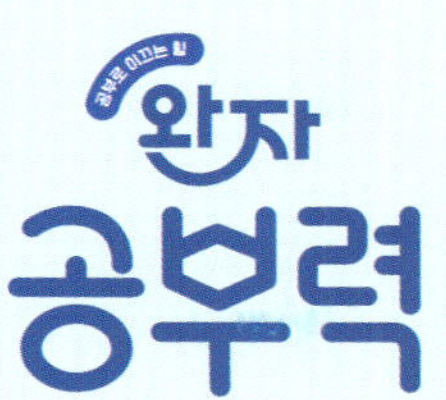

낱말 퀴즈 카드

이 책에서 배운 서술어를 확인하는 낱말 퀴즈 카드입니다.
국, 수, 사, 과 교과서 문장의 빈칸에 공통으로 들어갈 서술어를 맞혀 보세요.

사 높은 산이 ☐☐☐☐ 있다.
국 발표할 때 용기가 ☐☐☐☐.

ㅅㄷ

사 바위에 그림을 ☐☐☐☐.
국 교훈을 마음에 ☐☐☐☐.

ㅅㄱㄷ

과 화산이 폭발하게 되면 어떻게 ☐☐☐☐ 할까?
국 미세 먼지 문제에 ☐☐☐☐.

ㄷㅊㅎㄷ

수 90°를 기준으로 예각과 둔각을 ☐☐☐☐.
과 막대자석의 극을 ☐☐☐☐.

ㄱㅂㅎㄷ

사 좁은 지역을 자세히 보려면 지도를 ☐☐☐☐.
과 아주 작은 생물을 관찰할 때, 현미경으로 ☐☐☐☐.

ㅎㄷㅎㄷ

과 전기와 가스를 ☐☐☐☐.
국 해로운 내용이 있는 누리집을 ☐☐☐☐.

ㅊㄷㅎㄷ

국 소풍 가는 날짜에 휴대전화 알림을 ☐☐☐☐.
사 역사적으로 중요한 장소를 유적지로 ☐☐☐☐.

ㅈㅈㅎㄷ

과 다양한 생물들과 지구를 ☐☐☐☐.
국 토의 주제에 대한 서로의 의견을 ☐☐☐☐.

ㄱㅇㅎㄷ

수 직각을 ☐☐☐☐ 나머지 각은 어떤 각일까?
사 물건을 살 때 기준에 맞지 않는 물건은 ☐☐☐☐.

ㅈㅇㅎㄷ

사 얼음을 석빙고에 ☐☐☐☐.
과 음식을 잘못 ☐☐☐☐, 곰팡이가 생긴다.

ㅂㄱㅎㄷ

끊기다	맺히다
개발하다	발달하다
묻히다	측정하다
전시하다	부족하다
훼손하다	생산하다

과 풀잎의 표면에 물방울이 ☐.	**국** 옛 건물은 사람들의 발길이 ☐ 빨리 낡는다.
국 포도가 탱글탱글 ☐. 　ㅁㅎㄷ	**과** 지진으로 땅이 갈라져 도로가 ☐. 　ㄲㄱㄷ
사 최근에 정보 통신 기술이 ☐.	**사** 경치가 좋은 곳을 관광지로 ☐.
과 큰 바우 나 돌이 많은 지형이 ☐. 　ㅂㄷㅎㄷ	**과** 새로운 기술을 ☐. 　ㄱㅂㅎㄷ
사 기상청에서 기온과 강수량을 ☐.	**국** 붓에 물감을 ☐.
수 저울로 무게를 ☐. 　ㅊㅈㅎㄷ	**사** 이 무덤에는 유물과 함께 옛날 왕이 ☐. 　ㅁㅎㄷ
사 다이아몬드를 원하는 사람에 비해 자원의 양은 ☐.	**국** 자료를 정리하여 전시 공간에 ☐.
국 텀블러를 사용할 때 하나만 사용해도 ☐ 않다. 　ㅂㅈㅎㄷ	**사** 박물관에서는 국가유산을 연구하고 ☐. 　ㅈㅅㅎㄷ
사 자원을 이용하여 생활에 필요한 것을 ☐.	**사** 함부로 낙서를 하는 행동은 국가유산을 ☐.
과 땅속의 열을 이용하여 전기를 ☐. 　ㅅㅅㅎㄷ	**과** 야외 활동을 할 때는 자연을 ☐ 않는다. 　ㅎㅅㅎㄷ

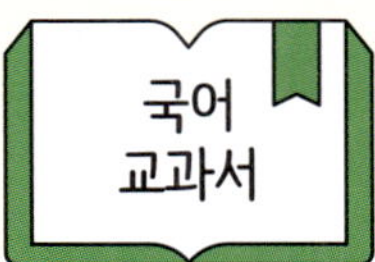

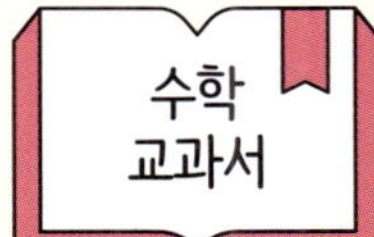

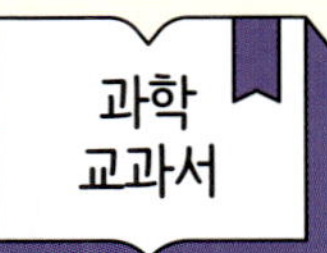

3~4학년 교과서에 나오는 필수 서술어를
교과서 내용과 함께 배우며 어휘력을 높여요.

4A

국어	새기다	지정하다	공유하다	묻히다	전시하다	
수학	구별하다	제외하다	측정하다			
사회	솟다	확대하다	부족하다	생산하다	개발하다	훼손하다
과학	대처하다	차단하다	보관하다	맺히다	발달하다	끊기다

4B

국어	제안하다	토의하다	일으키다	보고하다	쾌적하다	협력하다
수학	추측하다	뒤집다	돌리다	좁히다		
사회	밀집하다	포용하다	보전하다	수행하다	타협하다	
과학	분해하다	상승하다	개선하다	흡수하다	유도하다	

하루에 4쪽씩 꾸준히 공부해요!

서술어를 확인해요

서술어를 익혀요

‣ 오늘 학습할 어휘를
교과서 문장과 어휘 그물로
한눈에 확인해요.

‣ 어휘의 뜻과 쓰임을
구조화하여 살펴봐요.

‣ 빈칸 쓰기, 선 잇기, 선택하기 등의
문제로 어휘를 익혀요.

교과서를 이해해요

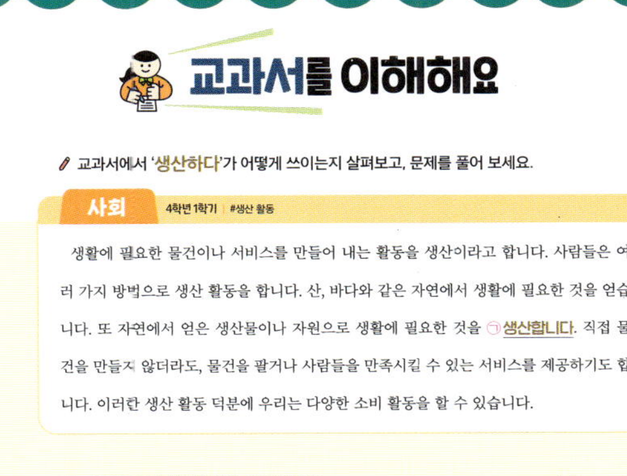

교과서를 이해해요

✎ 교과서에서 '생산하다'가 어떻게 쓰이는지 살펴보고, 문제를 풀어 보세요.

사회 4학년 1학기 | #생산 활동

생활에 필요한 물건이나 서비스를 만들어 내는 활동을 생산이라고 합니다. 사람들은 여러 가지 방법으로 생산 활동을 합니다. 산, 바다와 같은 자연에서 생활에 필요한 것을 얻습니다. 또 자연에서 얻은 생산물이나 자원으로 생활에 필요한 것을 ㉠생산합니다. 직접 물건을 만들지 않더라도, 물건을 팔거나 사람들을 만족시킬 수 있는 서비스를 제공하기도 합니다. 이러한 생산 활동 덕분에 우리는 다양한 소비 활동을 할 수 있습니다.

3 ㉠의 뜻으로 알맞은 것은 무엇인가요?　　　　　(　)

① 돈이나 물자, 시간, 노력 등을 들이거나 써서 없애다.
② 인간이 생활하는 데 필요한 각종 물건을 만들어 내다.

4 생산 활동에 대한 설명이 맞으면 O표, 틀리면 X표를 고르세요.

❶ 자연에서 생활에 필요한 것을 얻는 것은 생산 활동이 아니다. 　O　X
❷ 사람들을 만족시킬 수 있는 서비스를 제공하는 것은 생산 활동이다. 　O　X

5 이 글의 흐름을 다음과 같이 정리할 때, 괄호 안에 들어갈 낱말을 각각 찾아 묶으세요.

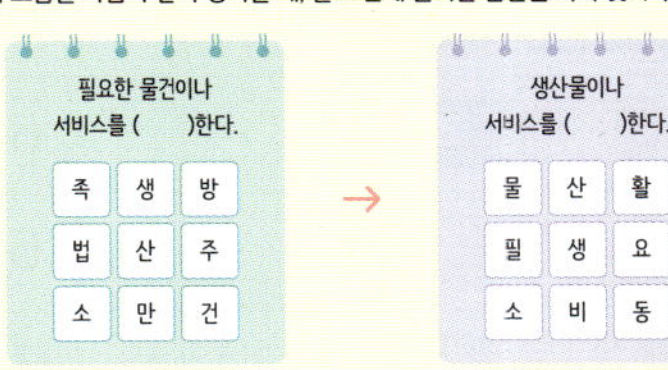

필요한 물건이나 서비스를 ( )한다.

족	생	방
법	산	주
소	만	건

→

생산물이나 서비스를 ( )한다.

물	산	활
필	생	요
소	비	동

정답과 해설 ○쪽

과학 4학년 1학기 | #화산 #화산 활동의 이로움

화산 활동은 우리 생활에 피해를 주지만, 도움을 주기도 합니다. 시간이 흐른 뒤 화산재가 쌓인 땅은 양분이 많아져서 많은 곡식을 생산할 수 있습니다. 발전소에서는 화산 주변 땅속의 열을 이용하여 전기를 ㉡생산합니다. 또 화산 주변의 온천은 관광지로 활용할 수 있습니다.

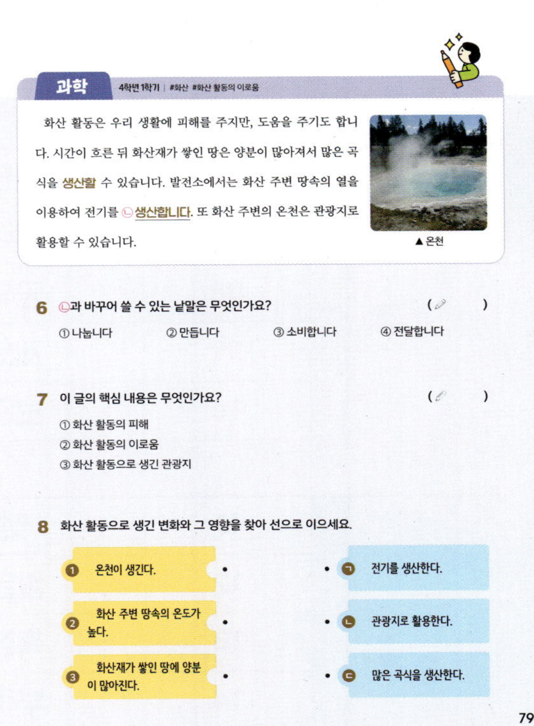
▲ 온천

6 ㉡과 바꾸어 쓸 수 있는 낱말은 무엇인가요?　　　　　(　)

① 나눕니다　　② 만듭니다　　③ 소비합니다　　④ 전달합니다

7 이 글의 핵심 내용은 무엇인가요?　　　　　(　)

① 화산 활동의 피해
② 화산 활동의 이로움
③ 화산 활동으로 생긴 관광지

8 화산 활동으로 생긴 변화와 그 영향을 찾아 선으로 이으세요.

❶ 온천이 생긴다. ·　　　　· ㉠ 전기를 생산한다.

❷ 화산 주변 땅속의 온도가 높다. ·　　　　· ㉡ 관광지로 활용한다.

❸ 화산재가 쌓인 땅에 양분이 많아진다. ·　　　　· ㉢ 많은 곡식을 생산한다.

▸ 국어　수학　사회　과학
교과서 문장에서 어휘의 쓰임을 확인하고 이해해요.

▸ 다양한 유형의 문제를 풀며 어휘를 이해하고 확장하여 익혀요.

복습 하기

▸ 학습한 어휘를 매주 독해로 복습해요.

▸ 20일 동안 학습한 뒤 문제를 풀며 실력을 확인해요.

무엇을 공부할까요

매일 학습을 마친 뒤, 배운 서술어를 사용하여 한 문장을 만들어 보세요.

일차	서술어	공부 확인	한 문장 만들기
01	솟다	✿	
02	새기다	✿	
03	대처하다	✿	
04	구별하다	✿	
05	확대하다	✿	
06	차단하다	✿	
07	지정하다	✿	
08	공유하다	✿	
09	제외하다	✿	
10	보관하다	✿	
11	맺히다	✿	
12	발달하다	✿	
13	측정하다	✿	
14	부족하다	✿	
15	생산하다	✿	
16	끊기다	✿	
17	개발하다	✿	
18	묻히다	✿	
19	전시하다	✿	
20	훼손하다	✿	

알맞은 명령어에 ○표를 하며
공부 준비를 확인해요.

공부할 준비가 되었어요.
이제 공부를 시작해 볼까요?

일차	서술어	과목	쪽수
1일	솟다	사회, 국어	12
2일	새기다	사회, 국어	16
3일	대처하다	과학, 국어	20
4일	구별하다	수학, 과학	24
5일	확대하다	사회, 과학	28
	독해 연습		32

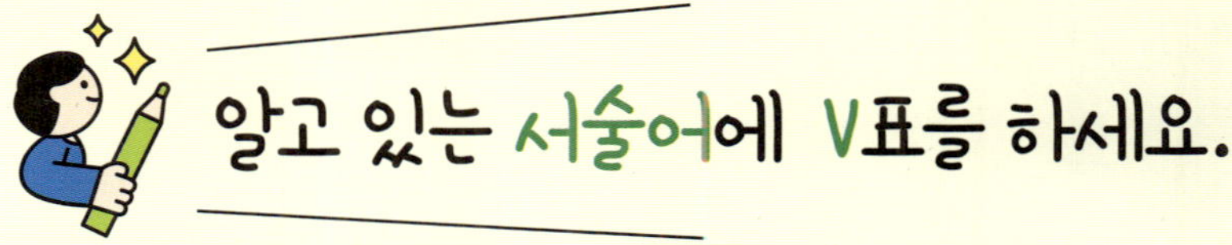

알고 있는 서술어에 V표를 하세요.

- 솟다
- 새기다
- 대처하다
- 구별하다
- 확대하다

솟다

사회	국어
우리 지역에는 높은 산이 **솟아** 있습니다.	발표할 때 용기가 **솟았습니다**.

 **서술어를 익혀요**

솟다

❶ 건물과 같은 구조물이나 산과 같은 지형물이 바닥에서 위로 나온 상태가 되다.

➡ 광장에는 시계탑이 우뚝 **솟아** 있어.

❷ 사람의 몸이나 마음속에 힘이나 의욕 등이 생겨나다.

➡ 신나는 음악을 들으면 흥이 **솟는다**.

✏ 연습하기

1 밑줄 그은 낱말의 뜻을 보기 에서 골라 그 기호를 쓰세요.

> **보기** 솟다
>
> ㉠ 건물과 같은 구조물이나 산과 같은 지형물이 바닥에서 위로 나온 상태가 되다.
> ㉡ 사람의 몸이나 마음속에 힘이나 의욕 등이 생겨나다.

❶ 감기가 나으니 기운이 <u>솟는다</u>. (✎   )
❷ 서울에는 남산이 우뚝 <u>솟아</u> 있다. (✎   )

2 밑줄 그은 낱말의 뜻이 같은 것끼리 선으로 이으세요.

❶ 도시 한복판에 높은 빌딩이 <u>솟아</u> 있다. •

❷ 부모님의 응원을 받으니 용기가 <u>솟았다</u>. •

• ㉠ 우리 지역 곳곳에 언덕이 <u>솟아</u> 있다.

• ㉡ 산 정상까지 올라가야겠다는 의욕이 <u>솟았다</u>.

✏️ 교과서에서 '솟다'가 어떻게 쓰이는지 살펴보고, 문제를 풀어 보세요.

사회 | 4학년 1학기 | #땅의 생김새 #우리 지역의 지형

우리가 사는 지역에는 산, 들, 하천, 바다 등이 있습니다. 산은 높이 ㉠<u>솟아</u> 있고, 들은 넓고 평평합니다. 하천은 물줄기가 모여 만들어지고, 바다는 하천의 물이 모여드는 곳입니다. 이러한 산, 들, 하천, 바다와 같은 땅의 생김새를 지형이라고 합니다. 지형은 지역마다 다양하게 나타납니다.

3 ㉠의 뜻으로 알맞은 것은 무엇인가요?　(　)

① 사람의 몸이나 마음속에 힘이나 의욕 등이 생겨나다.
② 건물과 같은 구조물이나 산과 같은 지형물이 바닥에서 위로 나온 상태가 되다.

4 빈칸에 들어갈 알맞은 말은 무엇인가요?　(　)

> 산, 들, 하천, 바다와 같은 땅의 생김새를 ☐(이)라고 한다.

① 지구　　　② 지도　　　③ 지역　　　④ 지형

5 괄호 안에 들어갈 알맞은 말을 골라 ○표를 하세요.

> 정우: 우리 지역에는 넓고 (뾰족한 | 평평한) 들이 펼쳐져 있어.
> 해인: 우리 지역은 산이 많아. 높은 산이 이곳저곳에 (솟아 | 흘러) 있지.
> 정우: 지형은 지역마다 (똑같이 | 다양하게) 나타나는구나.

국어   4학년 1학기 | #발표하기

나는 친구들 앞에서 발표하는 것을 무서워한다. 그런데 선생님께서 동물에 대해 발표하는 숙제를 내 주셨다. 발표할 생각에 너무 떨렸지만, 책과 인터넷에서 수달에 대해 찾아보며 내용을 정리했다. 이렇게 매일 열심히 준비를 하였더니 용기가 ㉡**솟았다**. 그래서 오늘 수업 시간에 멋지게 발표를 할 수 있었다. 다음 주에는 '기억에 남는 나의 경험'에 대해 발표해야 하는데, 이 발표도 지난번처럼 열심히 준비해야겠다는 〔 ㉢ 〕이 **솟는다**.

6 ㉡과 같은 뜻으로 쓰인 낱말을 찾아 그 기호를 쓰세요. (✎   )

> 저는 산에 다녀온 경험을 발표하겠습니다. 지난 봄에 우리 가족은 설악산으로 등산을 갔습니다. 절반쯤 올라갔을 때 힘들어서 포기하고 싶기도 했습니다. 하지만 지나가던 어른들께서 어린데도 대단하다며 칭찬해 주셨고, 그 말씀에 다시 힘이 ⓐ**솟았습니다**. 가파른 산길을 한참 더 올라 정상에 도착하였습니다. 산꼭대기에서 내려다보니 멋진 모양의 바위가 이곳저곳에 ⓑ**솟아** 있었습니다. 산을 오르는 것은 힘들었지만 그곳에서 본 풍경이 오래 기억에 남습니다.

7 ㉢에 들어갈 알맞은 낱말은 무엇인가요? (✎   )

① 걱정   ② 기억   ③ 슬픔   ④ 의욕

8 이 글의 '나'가 발표를 앞두고 용기가 솟은 까닭은 무엇인가요? (✎   )

① 발표를 멋지게 한 적이 있어서
② 매일 발표 준비를 열심히 해서
③ 발표 주제가 원래 자신 있던 내용이라서

★ 공부한 날짜
월   일

새기다

사회	국어
바위에 그림을 **새겼습니다**.	교훈을 마음에 깊이 **새겼어요**.

'새기다'는 글씨나 모양을 파거나, 잊지 않도록 기억한다는 표현을 할 때 써. 이때 무엇을 새기는지 살펴보면 뜻을 구분하기 쉬워.

새기다

글씨나 사물의 생긴 모양을 파다.

글씨   그림   모양

잊지 않도록 마음속에 깊이 기억하다.

교훈   기억   사건

서술어를 익혀요

새기다

❶ 글씨나 사물의 생긴 모양 등을 파다.

······ 도자기에 무늬를 **새겼어**.

❷ 잊지 않도록 마음속에 깊이 기억하다.

비슷한말 간직하다
예 할머니께서 하신 말씀을 가슴속에 깊이 간직하겠습니다.

······ 선생님의 가르침을 마음에 **새겼어**.

✏ 연습하기

1 밑줄 그은 말과 바꾸어 쓸 수 있는 낱말을 상자 속 글자 카드를 이용하여 쓰세요.

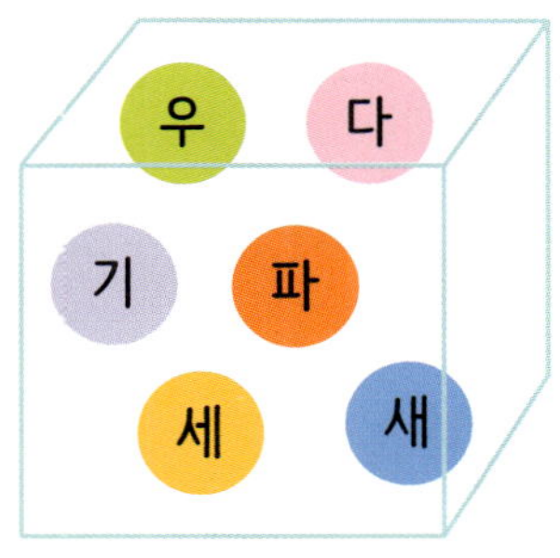

선생님의 가르침을 마음에 <u>잊지 않도록 기억하다</u>.

☐ ☐ ☐

2 밑줄 그은 낱말의 뜻으로 알맞은 것을 선으로 이으세요.

❶ 점토판에 내가 좋아하는 무늬를 <u>새깁니다</u>. •

❷ 친구와의 추억을 마음에 깊이 <u>새겼습니다</u>. •

❸ 나무에 낙서를 하거나 글자를 <u>새기지</u> 마세요. •

• ㄱ 글씨나 사물의 생긴 모양 등을 파다.

• ㄴ 잊지 않도록 마음속에 깊이 기억하다.

17

교과서를 이해해요

✏ 교과서에서 '**새기다**'가 어떻게 쓰이는지 살펴보고, 문제를 풀어 보세요.

4학년 1학기 | #울산 암각화 박물관 #지역의 역사

　박물관을 방문하면 옛날 사람들의 생활 모습을 짐작할 수 있습니다. 울산에는 울산 암각화 박물관이 있습니다. 아주 먼 옛날에 사람들은 ㉠바위에 그림을 **새겼는데**, 이 바위그림을 암각화라고 합니다. 울산 암각화에는 고래, 사슴, 멧돼지 등 다양한 동물과 이를 사냥하는 사람들의 모습이 　㉡　 있습니다. 울산 암각화 박물관에서는 울산 암각화와 옛날 사람들의 생활 모습을 소개하고 있습니다.

3 ㉠을 바르게 나타낸 것은 무엇인가요?　　　　　　　　(✏　　)

① 

② 

4 ㉡에 들어갈 낱말로 알맞은 것은 무엇인가요?　　　　　　　　(✏　　)

① 새겨져　　　　　② 새기고　　　　　③ 세우고　　　　　④ 세워져

5 울산 암각화를 통해 짐작할 수 <u>없는</u> 것은 무엇인가요?　　　　　(✏　　)

① 옛날 사람들은 나무로 동물을 만들었을 것이다.
② 옛날 사람들은 동물을 사냥하며 살았을 것이다.
③ 옛날 사람들은 바위에 그림을 새길 수 있는 도구가 있었을 것이다.

옛날에 한 선비가 길을 가다가 소 두 마리를 끌며 밭을 갈던 농부를 보았어요. 선비는 농부에게 검정소와 누렁소 중 어느 소가 더 일을 잘하는지 물었어요. 그러자 농부는 선비 쪽으로 걸어왔어요. 그리고 검정소가 듣지 않게, 누렁소가 일을 더 잘한다고 작게 소곤거렸어요. 선비는 이런 농부의 태도에 큰 깨달음을 얻었어요. 선비는 농부의 교훈을 마음에 깊이 ㉢<u>새겼고</u>, 그 뒤로 남의 잘못이나 단점을 함부로 말하지 않았어요.

6 ㉢의 뜻으로 알맞은 것은 무엇인가요? (✎   )

① 글씨나 사물의 생긴 모양 등을 파다.
② 잊지 않도록 마음속에 깊이 기억하다.

7 이 글에서 선비가 마음에 새긴 교훈은 무엇인가요? (✎   )

① 큰 소리로 떠들지 않는다.
② 직업에는 귀하고 천한 구분이 없다.
③ 남의 잘못이나 단점을 함부로 말하지 않는다.

8 빈칸에 공통으로 들어갈 낱말로 알맞은 것은 무엇인가요? (✎   )

> 옛날에 사람들을 도와주는 호랑이가 살았습니다. 호랑이가 죽자, 사람들은 호랑이를 묻어 주고 비석을 세웠습니다. 비석에는 호랑이를 기리는 내용을 [   ]. 사람들은 이 비석 앞을 지나갈 때마다 호랑이를 떠올리며 호랑이에 대한 고마움을 마음에 [   ].

① 새겼습니다 ② 생각했습니다 ③ 예상했습니다

★ 공부한 날짜
월   일

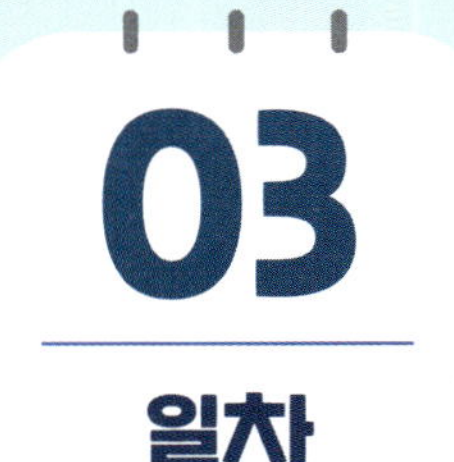

대처하다

과학

화산이 폭발할 때
어떻게 **대처해야** 할까요?

국어

미세 먼지 문제에
대처해야 합니다.

'대처하다'는 어떤 상황이나 사건에 필요한 대책을
세워서 행동한다는 표현을 할 때 써.

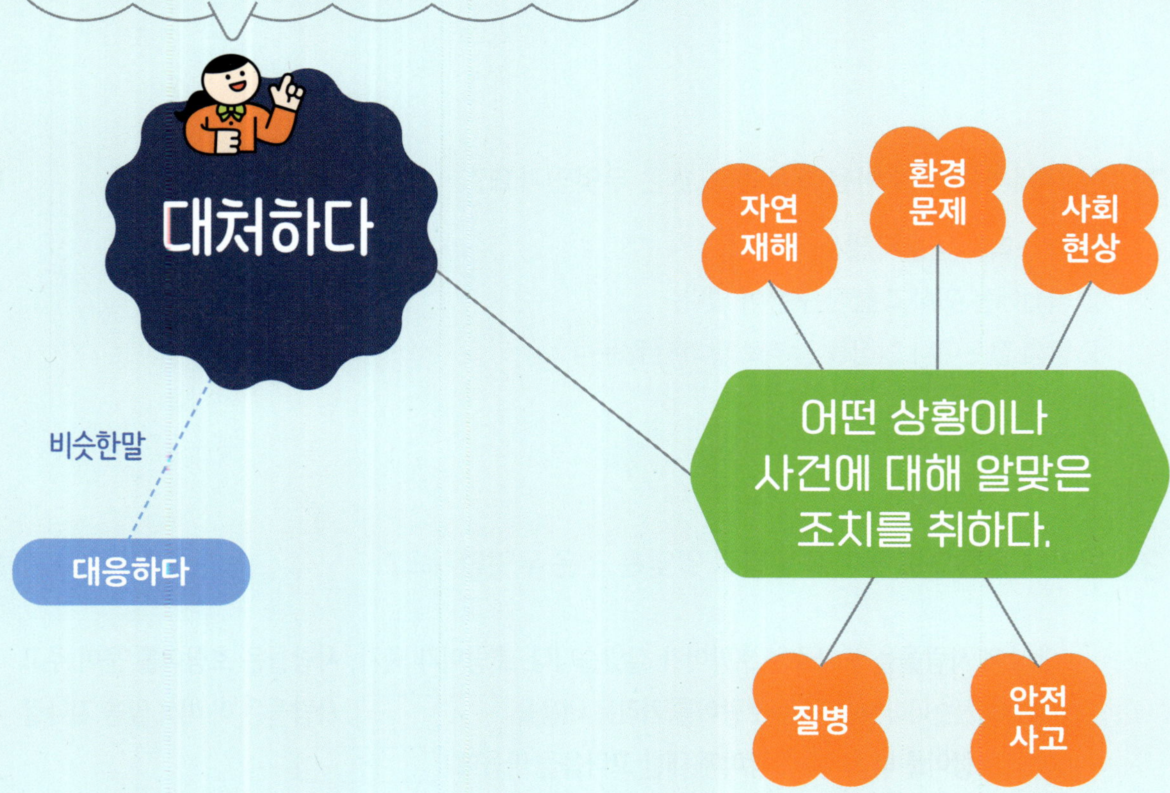

서술어를 익혀요

대처하다　對 대할 **대**　處 처리할 **처**

어떤 상황이나 사건에 대하여 알맞은 조치를 취하다.

(비슷한말) 대응하다

(예) 갑작스러운 상황에도 신속히 대응했다.

✏️ 연습하기

1 밑줄 그은 낱말의 뜻에 맞는 말을 괄호 안에서 골라 ○표를 하세요.

> 화재가 발생하면 안내에 따라 침착하게 대처한다.

→ (뜻) 어떤 상황이나 사건에 대하여 알맞은 (생각 ｜ 조치)을/를 취하다.

2 밑줄 그은 낱말과 뜻이 비슷한 낱말은 무엇인가요?　（　✏️　）

> 경찰관은 도로에서 일어난 사고에 신속하게 대응했다.

① 대처했다　　② 설명했다　　③ 찾아봤다　　④ 확인했다

3 '대처하다'가 잘못 사용된 문장은 무엇인가요?　（　✏️　）

① 그들은 아름다운 풍경을 보며 대처했다.

② 정부는 환경 문제에 적극적으로 대처해야 한다.

③ 그는 자신에게 닥친 고난과 역경에 슬기롭게 대처했다.

교과서를 이해해요

✏️ 교과서에서 '**대처하다**'가 어떻게 쓰이는지 살펴보고, 문제를 풀어 보세요.

4학년 1학기 | #화산 활동 대처 방법

화산이 폭발할 때 피해를 줄이려면 어떻게 ㉠**대처해야** 할까요? 우선 화산으로부터 멀리 대피해야 합니다. 화산재가 떨어진다면 마스크로 코와 입을 막고 실내로 대피합니다. 실내에서는 화산 가스나 화산재가 들어오지 않도록 문틈을 물 묻힌 수건으로 막습니다. 또 텔레비전이나 라디오에서 안내하는 정보를 확인합니다. 이처럼 자연 재난은 언제 발생할지 모르기 때문에 미리 **대처하는** ▢㉡▢을 알아 두는 것이 중요합니다.

4 ㉠의 의미로 알맞은 것은 무엇인가요?　　　　　　　　　　(✏️　　　)

① 틀림없이 그러한가를 알아보거나 인정하다.
② 어떤 상황이나 사건을 잘 살펴서 필요한 대책을 세워서 행동하다.

5 ㉡에 들어갈 수 있는 낱말로 알맞은 것은 무엇인가요?　　　　(✏️　　　)

① 경험　　　　　　② 도전　　　　　　③ 방법　　　　　　④ 시간

6 괄호 안에 들어갈 알맞은 말을 찾아 ◯표를 하세요.

화산 활동에 대처하는 방법

∘ 화산으로부터 멀리 대피한다.
∘ 마스크로 코와 입을 막고 실내로 (대피한다 ｜ 방문한다).
∘ 문틈을 물 묻힌 수건으로 (닦는다 ｜ 막는다).
∘ 텔레비전이나 라디오에서 안내하는 정보를 (무시한다 ｜ 확인한다).

　미세 먼지는 호흡기를 통해 사람의 몸속으로 들어와 해로운 영향을 끼칩니다. 우리는 이러한 미세 먼지 문제에 여러 가지 방법으로 ⓒ대처할 수 있습니다. 우선 전기차와 같은 친환경 자동차나 대중교통을 이용합니다. 또 일회용품의 사용을 줄이고, 나무를 많이 심습니다. 하지만 우리만 노력한다고 미세 먼지 문제가 해결되는 것은 아닙니다. 바람을 타고 넘나드는 ②국경 없는 미세 먼지에 **대처하려면** 모든 나라가 서로 협력해야 합니다.

7 ⓒ과 뜻이 비슷한 낱말은 무엇인가요?　　　　　　　　　（ 　　　 ）

① 기억할　　　　② 대응할　　　　③ 이용할　　　　④ 의논할

8 ②을 통해 글쓴이가 말하고자 하는 것이 무엇인지 빈칸에 알맞은 말을 쓰세요.

미세 먼지 문제에 ☐☐ 하려면 모든 나라가 서로 ☐☐ 해야 한다.

9 미세 먼지 문제에 대처하는 방법을 모두 찾아 그 기호를 쓰세요.　　　（ 　　　 ）

ⓐ 쓰레기를 태워 없애서 줄인다.
ⓑ 일회용품을 되도록 사용하지 않는다.
ⓒ 개인 자동차보다는 대중교통을 이용한다.
ⓓ 나무를 많이 베어서 공기를 깨끗하게 만든다.

구별하다

수학	과학
90°를 기준으로 예각과 둔각을 **구별합니다**.	자석의 극을 **구별해** 봅시다.

'구별하다'는 어떤 것들을 성질이나 종류에 따라서 갈라놓는다는 표현을 할 때 써. 이때 무엇과 무엇을 구별하는 것인지 살펴봐야 해.

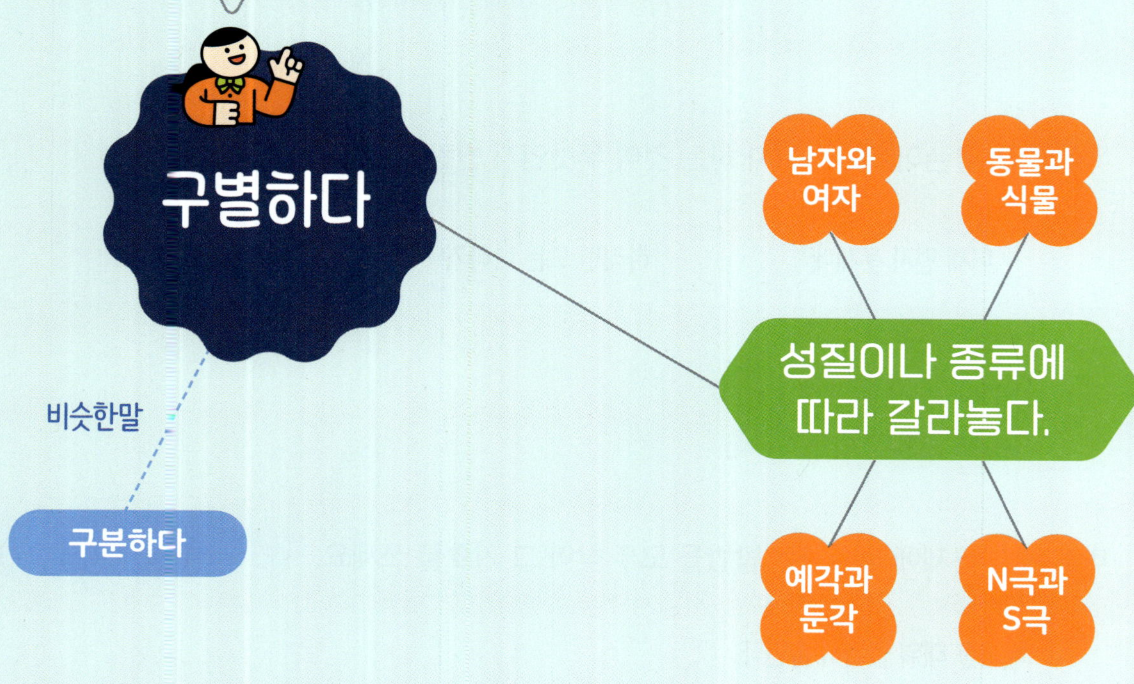

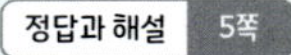

서술어를 익혀요

구별하다   區 나눌 구   別 나눌 별

성질이나 종류에 따라 갈라놓다.

(비슷한말) 구분하다

(예) 읽을 책과 읽은 책을 <u>구분했다</u>.

> 생물을 크게 동물과 식물로 **구별해** 봅시다.

> 사실과 의견을 **구별하며** 글을 읽어 보자.

✏ 연습하기

1 밑줄 그은 말과 뜻이 비슷한 낱말은 무엇인가요?　　　（ 　　 ）

> 돈을 동전과 지폐로 종류에 따라 <u>갈라놓다</u>.

① 고정하다　　　② 구별하다　　　③ 보관하다　　　④ 제외하다

2 빈칸에 '구별하다'를 쓸 수 <u>없는</u> 문장의 기호를 쓰세요.　　　（ 　　 ）

> ㉠ 충청도는 충청북도와 충청남도로 ▢▢▢▢.
>
> ㉡ 주말에 산으로 갈지 바다로 갈지 가족들이 모여 ▢▢▢▢.
>
> ㉢ 쓰레기를 재활용할 수 있는 것과 할 수 없는 것으로 ▢▢▢▢.
>
> ㉣ 사슴은 뿔이 있는지 없는지에 따라 암컷과 수컷으로 ▢▢▢▢.

교과서를 이해해요

🖊 교과서에서 '**구별하다**'가 어떻게 쓰이는지 살펴보고, 문제를 풀어 보세요.

4학년 1학기 | #각도 #예각과 둔각

각의 크기를 각도라고 합니다. 직각은 두 직선이 만나서 이루는 각이 90°인 각을 말합니다. 그리고 90°를 기준으로 예각과 둔각을 ㉠<u>구별합니다</u>. 예각은 각도가 0°보다 크고 90°보다 작은 각이며, 둔각은 각도가 90°보다 크고 180°보다 작은 각입니다.

▲ 직각

3 ㉠과 뜻이 비슷한 낱말은 무엇인가요?　　　　　　　　(🖉 　　　)

① 구분합니다　　　　② 알아봅니다　　　　③ 의논합니다　　　　④ 한정합니다

4 예각과 둔각을 구별하는 기준이 되는 각도는 무엇인가요?　　(🖉 　　　)

① 0°　　　　② 45°　　　　③ 90°　　　　④ 180°

5 다음 각을 보고 예각과 둔각을 구별하여 쓰세요.

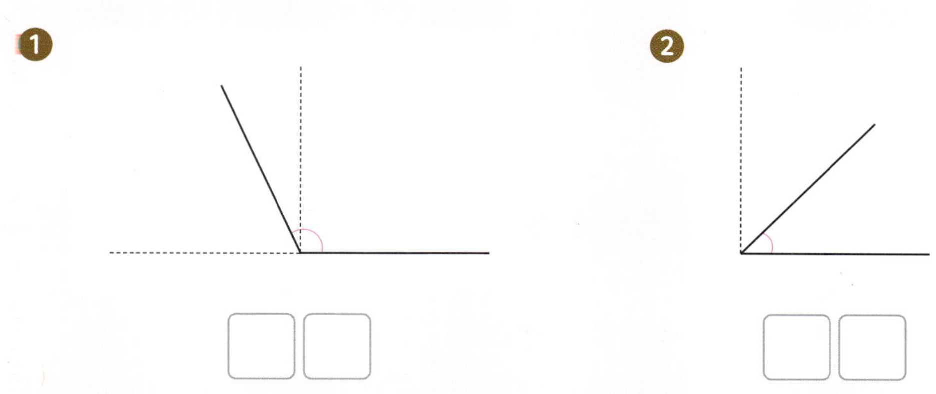

❶　　　　　　　　　　❷

26

자석의 극은 항상 두 개이고, N극과 S극이 있습니다. 두 자석을 같은 극끼리 가까이 하면 서로 밀어 내고, 다른 극끼리 가까이 하면 서로 끌어당깁니다. 이러한 자석의 성질을 이용하여 극 표시가 있는 막대자석으로 ⓛ극 표시가 없는 자석의 극을 **구별해** 봅시다.

▲ 막대자석

6 ⓛ의 의미로 알맞은 것은 무엇인가요? (✎)

① N극과 S극 중 하나의 극으로 정해 봅시다.
② N극과 S극이 따로따로 되게 자석을 쪼개 봅시다.
③ 어느 쪽이 각각 N극과 S극인지 나누어 알아봅시다.

7 다음 그림에서 ⓐ~ⓓ의 극을 구별하여 쓰고, 극에 맞게 자석을 색칠하세요.

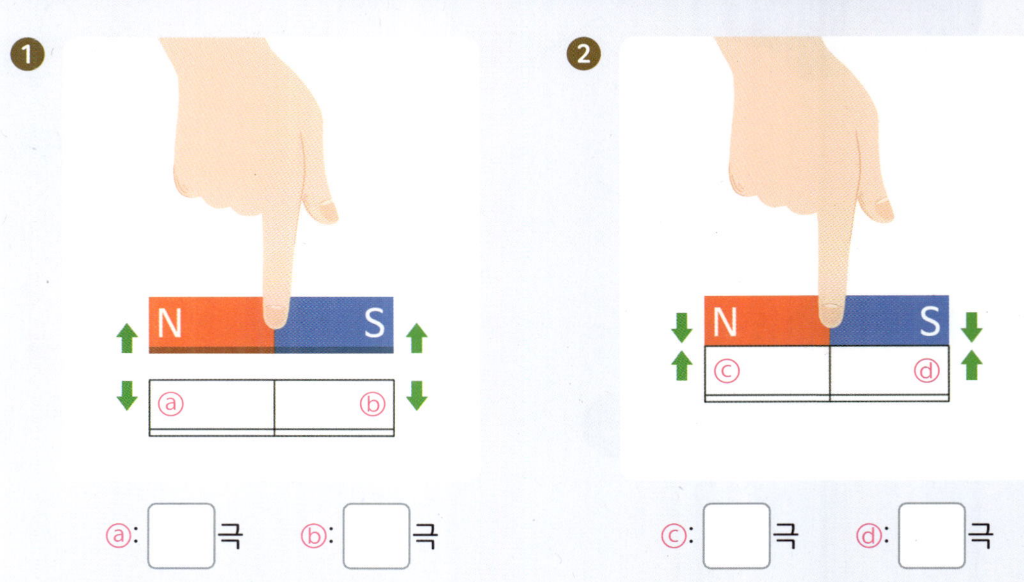

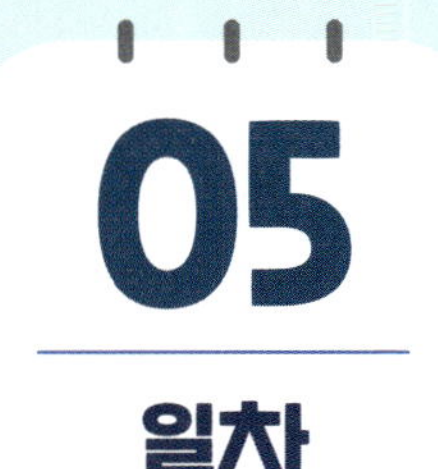

확대하다

사회

지도를 **확대하면** 좁은 지역을 자세히 볼 수 있습니다.

과학

현미경으로 **확대하여** 관찰합니다.

‘확대하다’는 대상의 모양이나 규모 등을 더 크게 한다는 표현을 할 때 써. ‘확대하다’와 뜻이 반대인 서술어는 ‘축소하다’야.

확대하다 擴 넓힐 **확** 大 클 **대**

모양이나 규모 등을 더 크게 하다.

(반대말) 축소하다
(뜻) 모양이나 규모 등을 줄여서 작게 하다.
(예) 비가 내려서 축제의 규모를 축소했다.

돋보기로 작은 곤충을 **확대하여** 볼 수 있어.

지역에서 도로 건설에 대한 투자를 **확대한대**.

‘늘리다’는 ‘확대하다’와 뜻이 비슷한 말이야.

연습하기

1 밑줄 그은 낱말의 알맞은 뜻을 골라 선으로 이으세요.

① 그 학교는 돌봄 교실의 모집 인원을 축소했다. •

② 정부는 소득이 낮은 가정에 대한 지원을 확대했다. •

• ㄱ 모양이나 규모 등을 더 크게 하다.

• ㄴ 모양이나 규모 등을 줄여서 작게 하다.

2 밑줄 그은 낱말과 뜻이 비슷한 낱말은 무엇인가요? ( )

그 기업은 우수 고객에 대한 혜택을 확대하였다.

① 권했다   ② 늘렸다   ③ 줄였다   ④ 청했다

3 다음 문장의 빈칸에 차례로 들어갈 말은 무엇인가요? ( )

석탄이나 석유와 같이 지구를 오염시키는 에너지 발전을 [   ], 햇빛이나 바람처럼 친환경적인 에너지 발전을 [   ] 합니다.

① 늘리고, 줄여야   ② 사용하고, 줄여야
③ 축소하고, 확대해야   ④ 확대하고, 축소해야

✎ 교과서에서 '확대하다'가 어떻게 쓰이는지 살펴보고, 문제를 풀어 보세요.

사회 4학년 1학기 | #디지털 영상지도

디지털 영상지도의 기능을 활용하면 지역의 모습을 ㉠확대하거나 축소해서 볼 수 있습니다. 이에 따라 지도의 크기가 같더라도 나타내는 지역의 범위와 자세한 정도가 달라집니다. 지도를 확대하면 좁은 지역을 자세히 볼 수 있습니다. 반대로 지도를 축소하면 넓은 지역을 간략하게 볼 수 있습니다.

4 ㉠의 뜻으로 알맞은 것은 무엇인가요?　(　　✎　　)

① 모양이나 규모 등을 더 크게 하다.
② 모양이나 규모 등을 줄여서 작게 하다.

5 밑줄 그은 말과 뜻이 비슷한 낱말은 무엇인가요?　(　　✎　　)

> 디지털 영상지도에서 '➖' 단추를 눌러 지도를 더 작게 합니다.

① 뺍니다　　② 더합니다　　③ 축소합니다　　④ 확대합니다

6 빈칸에 들어갈 알맞은 내용을 골라 선으로 이으세요.

1 디지털 영상지도를 축소하면 □□□□. ・

・ ㉠ 좁은 지역을 자세히 볼 수 있습니다.

2 디지털 영상지도를 확대하면 □□□□. ・

・ ㉡ 넓은 지역을 간략하게 볼 수 있습니다.

과학

4학년 1학기 | #원생생물 #디지털 현미경

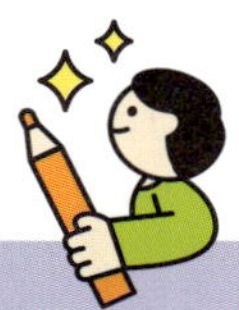

해캄이나 짚신벌레 같은 원생생물은 맨눈으로 자세히 살펴보기 어렵습니다. 이때 디지털 현미경을 이용하면 원생생물을 **확대하여** 관찰할 수 있습니다. 디지털 현미경으로 관찰하면 해캄은 긴 실 모양이고, 짚신벌레는 길쭉하고 둥근 모양입니다.

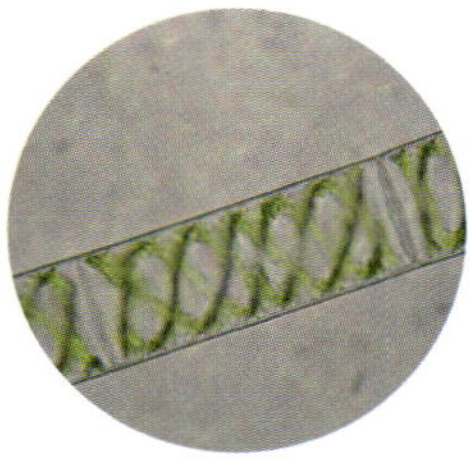

▲ 해캄을 확대한 모습

7 빈칸에 들어갈 수 있는 낱말에 색칠하여 빙고 판에서 2줄을 완성하세요.

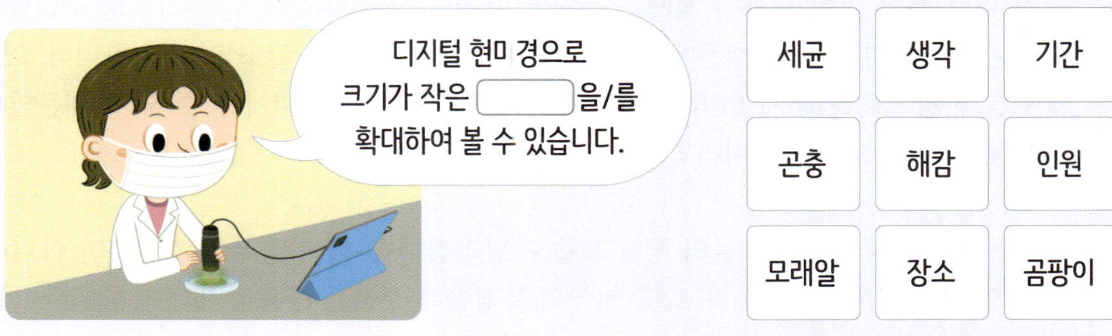

세균	생각	기간
곤충	해캄	인원
모래알	장소	곰팡이

8 다음은 짚신벌레를 현미경으로 관찰한 것입니다. 짚신벌레를 가장 크게 확대한 것은 무엇인가요? (✎)

①

②

③

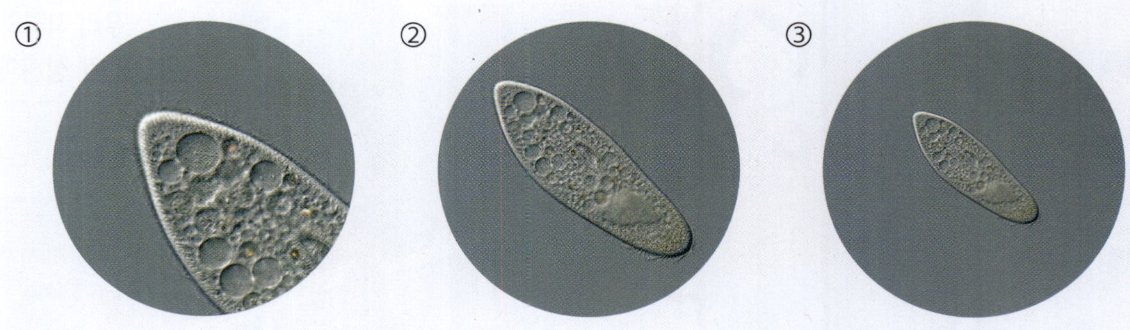

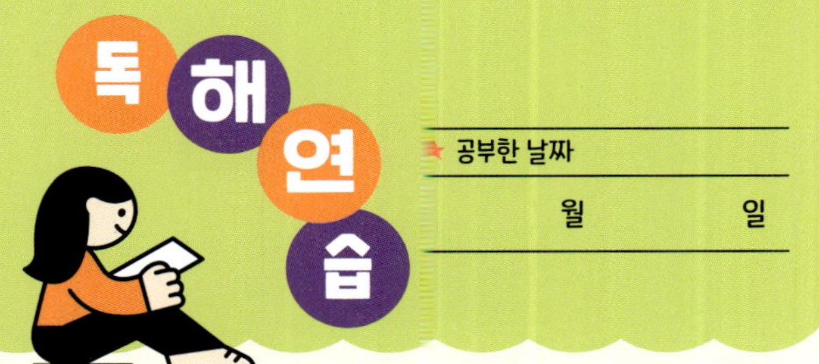

✏️ 다음 서술어를 찾아 ○표를 하며 읽어 보세요.

솟다   확대하다   구별하다

대처하다   새기다

1　자연환경은 우리를 둘러싸고 있는 것 중에 사람이 만들지 않은 자연 그대로의 것을 말합니다. 자연환경에는 지형, 기후 등이 있습니다. 지형은 땅의 생김새를 말하는데, 지역마다 지형이 다릅니다. 높은 산이 ㉠솟아 있는 지역도 있고, 넓은 들이나 평야가 많은 지역도 있고, 강이나 바다가 가까운 지역도 있습니다. 독도와 울릉도, 제주특별자치도처럼 지역이 하나의 섬으로 이루어진 곳도 있습니다.

2　지역마다 다른 지형은 디지털 영상지도로 확인할 수 있습니다. 내가 사는 지역을 선택하여 이를 중심으로 지도를 확대하면 우리 지역의 지형을 자세히 볼 수 있습니다. 지도를 축소하면 내가 사는 지역과 그 주변의 지형을 함께 보고 비교할 수 있습니다.

3　기후도 중요한 자연환경입니다. 기후는 기온, 강수량, 풍속 등의 요소로 결정됩니다. 예를 들어 비나 눈이 많이 오는지 적게 오는지에 따라 습한 기후와 건조한 기후로 구별합니다. 기후는 지역마다 다르기 때문에 내가 사는 지역의 기후를 잘 알고 있어야 합니다. 이러한 정보를 바탕으로 기후에 따라 일어날 수 있는 여러 문제에 대처할 수 있기 때문입니다. 만약 비가 많이 오는 지역이라면 댐을 건설하여 홍수를 예방할 수 있습니다.

4　자연환경이 다르면 사람들의 생활 모습도 달라집니다. 따라서 우리 지역뿐만 아니라 다른 지역의 자연환경도 이해하고, 각 지역의 특징을 존중하는 마음을 새겨야 합니다.

 공부한 서술어를 활용해 말풍선을 완성하세요.

1 이 글의 내용으로 알맞지 <u>않은</u> 것은 무엇인가요? （✎　　）

① 자연환경은 자연 그대로의 것을 의미한다.
② 땅의 생김새는 자연환경을 이루는 요소 중 하나이다.
③ 지형이나 기후와 같은 자연환경은 지역에 따라 다르다.
④ 디지털 영상지도를 축소할수록 지역의 모습을 자세히 볼 수 있다.
⑤ 지역의 기후 특징을 알고 있으면 문제 상황에 효과적으로 대처할 수 있다.

2 지역의 기후에 대해 조사하려는 내용으로 알맞지 <u>않은</u> 것은 무엇인가요? （✎　　）

① 계절에 따른 지역의 평균 기온을 확인한다.
② 바람의 속도나 바람이 불어오는 방향 등을 확인한다.
③ 비나 눈이 언제 가장 많이 오는지 강수량을 확인한다.
④ 디지털 영상지도로 지역에 따라 다른 기후를 확인한다.
⑤ 지역의 기온과 강수량이 해마다 어떻게 달라지는지 확인한다.

3 밑줄 그은 낱말이 ㉠과 같은 뜻으로 쓰인 것은 무엇인가요? （✎　　）

① 공장에 굴뚝이 높이 <u>솟아</u> 있습니다.
② 친구의 말을 듣고 용기가 <u>솟았습니다.</u>
③ 아침에 체조를 하면 기운이 <u>솟습니다.</u>
④ 흥겨운 노래를 들으면 저절로 흥이 <u>솟습니다.</u>
⑤ 봉사 활동을 하면, 기쁨이 <u>솟고</u> 마음이 즐겁습니다.

4 다음은 이 글의 핵심 내용을 요약한 것입니다. 빈칸에 알맞은 낱말을 넣어 내용을 완성해 보세요.

지역마다 서로 다른 ☐☐☐☐ 을/를 이해하고, 그 특징을 존중하는 마음을 ☐☐☐ 합니다.

이번 주 공부 끝! 자신 있게 사용할 수 있는 서술어에 V표를 하세요.

☐ 솟다　☐ 새기다　☐ 대처하다　☐ 구별하다　☐ 확대하다

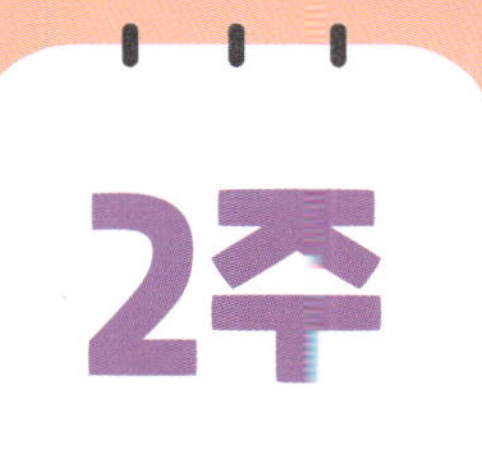

2주

알맞은 명령어에 ○표를 하며
공부 준비를 확인해요.

1주 | **2주** | 3주 | 4주

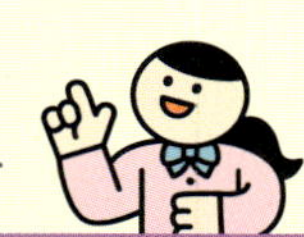

공부하는 동안

만약 모르는 낱말이 있다면

사전을 찾아본다. / 친구에게 물어본다.

한 쪽을 공부한 뒤 돌아다닌다. / 다음 쪽을 공부한다.

만약 틀린 문제가 있다면

잊어버린다. / 다시 풀어 보며 이해한다.

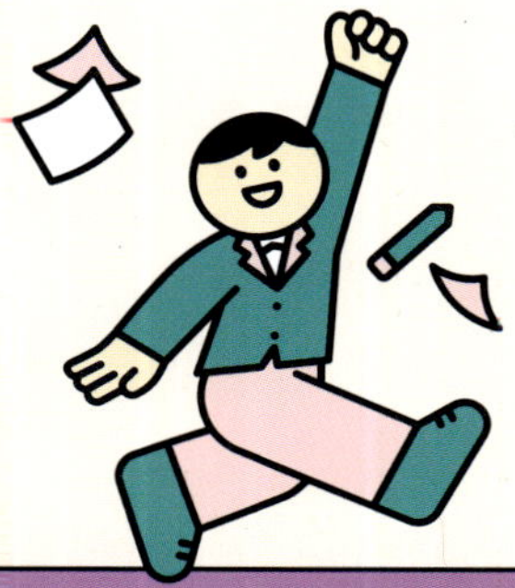

어떻게 공부하는지 알겠죠?
이제 공부를 시작해 볼까요?

일차	서술어	과목	쪽수
6일	차단하다	과학, 국어	36
7일	지정하다	국어, 사회	40
8일	공유하다	과학, 국어	44
9일	제외하다	수학, 사회	48
10일	보관하다	사회, 과학	52
독해 연습			56

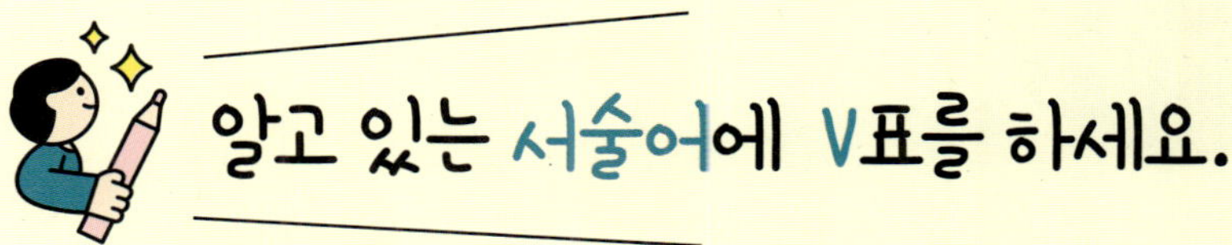

차단하다　　지정하다　　공유하다

제외하다　　보관하다

차단하다

과학

전기와 가스를
차단합니다.

국어

해로운 내용이 있는
누리집을 **차단합니다**.

'차단하다'는 흐름이나 통로를 막는다는 표현을
할 때, 관계나 접촉을 막는다는 표현을 할 때 써.
이때 무엇을 차단하는지 살펴봐야 해.

차단하다

액체나 기체 등의 흐름
또는 통로를 막거나 끊어서
통과하지 못하게 하다.

다른 것과의 관계나
접촉을 막거나 끊다.

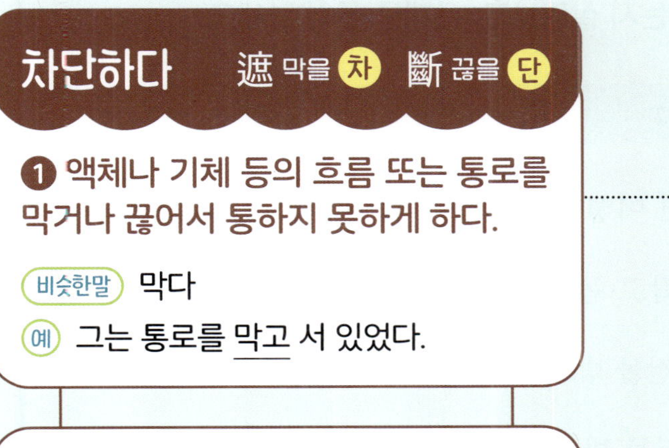

도로를 공사할 때에는 교통을 **차단해야** 합니다.

온라인 대화창에서 모르는 사람을 **차단했어**.

✏️ 연습하기

1 밑줄 그은 낱말과 바꾸어 쓸 수 있는 낱말을 상자 속 글자 카드를 이용하여 쓰세요.

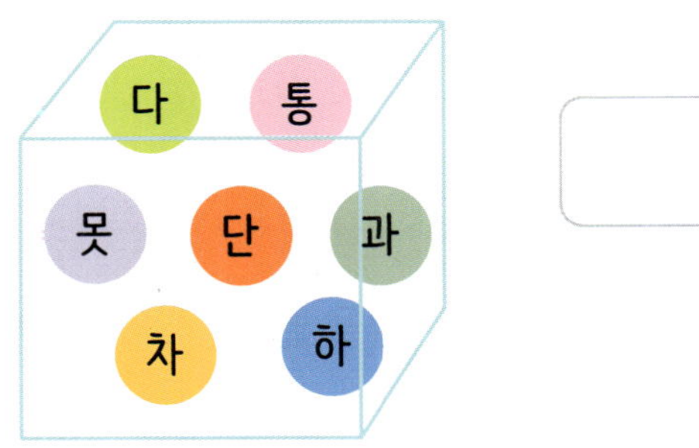

창문을 닫아서 바람을 막다.

☐ ☐ ☐ ☐

2 밑줄 그은 낱말의 뜻으로 알맞은 것을 골라 선으로 이으세요.

① 커튼을 쳐서 창으로 들어오는 햇빛을 차단했다.   •

• ㉠ 다른 것과의 관계나 접촉을 막거나 끊다.

② 가축이 감염병에 걸려서 외부와의 접촉을 차단했다.   •

• ㉡ 액체나 기체 등의 흐름 또는 통로를 막거나 끊어서 통하지 못하게 하다.

✏ 교과서에서 '**차단하다**'가 어떻게 쓰이는지 살펴보고, 문제를 풀어 보세요.

과학 | 4학년 1학기 | #지진 발생 #대처 방법

우리가 사는 지역에서 지진이 발생하면 어떻게 대처해야 할까요? 지진으로 건물이 흔들리면 탁자 아래로 들어가 탁자 다리를 잡고 몸을 보호합니다. 흔들림이 멈췄다면 전기와 가스를 ㉠**차단하여** 화재를 예방합니다. 건물 밖으로 나갈 때에는 승강기를 타지 않고 계단을 이용해서 빠르게 이동해야 합니다. 건물 밖으로 나온 뒤에는 가방이나 손으로 머리를 보호하고, 넓그 안전한 공간으로 대피합니다.

3 ㉠과 뜻이 비슷한 낱말은 무엇인가요? (✏)

① 골라서　　　　② 끊어서　　　　③ 덮어서　　　　④ 보내서

4 지진이 일어났을 때 어떻게 행동해야 하는지, 괄호 안에 들어갈 말을 골라 ◯표를 하세요.

❶ 전기와 가스를 차단하여 화재를 (예방한다 | 예상한다).
❷ 건물 밖으로 나갈 때에는 계단을 (이동한다 | 이용한다).
❸ 손으로 머리를 보호하고, 넓고 안전한 공간으로 (대비한다 | 대피한다).

5 이 글의 핵심 내용을 파악하여 빈칸에 들어갈 알맞은 말을 쓰세요.

지진이 발생했을 때 　☐　☐ 하는 방법

인터넷에는 다양한 정보가 있어 학습에 필요한 여러 자료를 쉽게 찾을 수 있습니다. 이때 누리집마다 포함하고 있는 자료의 성격이 다르므로, 자료를 찾는 목적에 맞는 누리집을 선택해야 합니다. 또한 인터넷에는 정확하지 않은 정보도 있으므로, 자료를 찾은 뒤에는 그 자료가 믿을 만한지 꼭 확인해 보아야 합니다. 자료를 찾다 보면 여러 누리집을 살펴보게 되는데, 만약 유익하지 않고 해로운 내용이 있다면 그 누리집을 ⓛ **차단해야** 합니다.

6 ⓛ과 같은 뜻으로 쓰인 낱말은 무엇인가요? (✎)

① 산사태가 일어나서 도로를 차단했다.
② 음식을 밀폐 용기에 넣어서 공기를 차단했다.
③ 공장 폐수가 강물에 흘러들지 않도록 차단했다.
④ 누리집을 점검하려고 이용자의 접근을 차단했다.

7 다음과 같이 말하는 친구에게 해 줄 수 있는 말은 무엇인가요? (✎)

① 이런 누리집은 다시 보지 않도록 차단하는 것이 좋아.
② 다양한 정보를 찾아야 하니까 이 내용도 함께 정리해야 해.

07
일차

★ 공부한 날짜
월 일

지정하다

국어

알림을 **지정해** 놓습니다.

사회

역사적으로 중요한 장소를 유적지로 **지정합니다**.

'지정하다'는 **무엇을 가리켜 정한다**는 표현을 할 때, **기관이 대상에 특정한 자격을 준다**는 표현을 할 때 써. 지정된 대상에는 특정한 의미가 생기지.

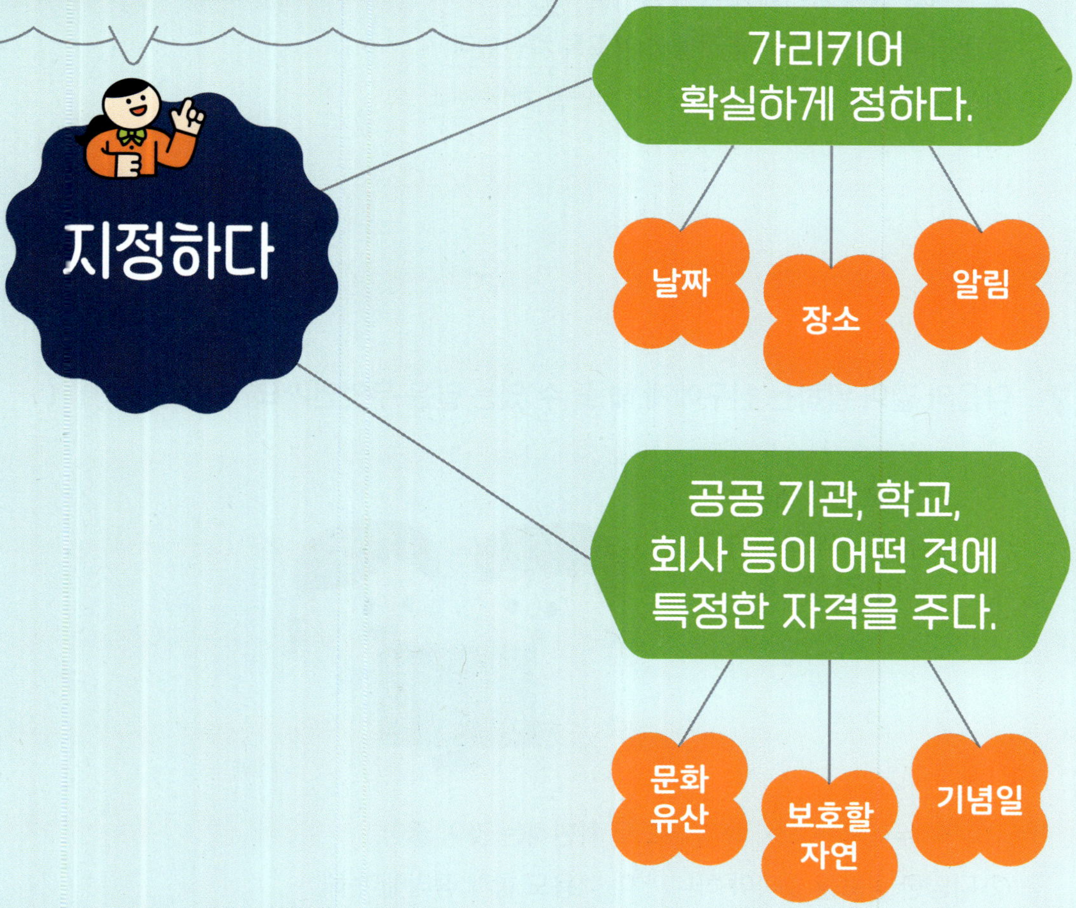
지정하다
가리키어 확실하게 정하다.
날짜
장소
알림
공공 기관, 학교, 회사 등이 어떤 것에 특정한 자격을 주다.
문화 유산
보호할 자연
기념일

서술어를 익혀요

지정하다 指 가리킬 **지** 定 정할 **정**

❶ 가리키어 확실하게 정하다.

(비슷한말) 선정하다
(예) 4학년 추천 도서를 선정했다.

> 선생님께서는 내일 발표할 사람을 **지정해** 주셨다.

❷ 공공 기관, 관공서, 학교, 회사 등이 어떤 것에 특정한 자격을 주다.

> 정부는 5월 5일을 어린이날로 **지정했다**.

'지정하다'가 ❷의 뜻으로 쓰일 때에는 주로 '무엇을 무엇으로 지정하다.'의 형태로 쓰여.

✏️ 연습하기

1 빈칸에 공통으로 들어갈 알맞은 낱말은 무엇인가요? ( )

- 정부에서는 한라산을 국립 공원으로 [　　].
- 매일 아침 일어날 시간으로 시계에 알림을 [　　].

① 가리켰다　　② 연습했다　　③ 지정했다　　④ 한정했다

2 밑줄 그은 낱말의 뜻으로 알맞은 것을 선으로 이으세요.

❶ 정부에서 수달을 천연기념물로 <u>지정했다</u>.

❷ 친구들과 매달 만날 날짜를 미리 <u>지정했다</u>.

❸ 학교 앞을 어린이 보호 구역으로 <u>지정해야</u> 한다.

㉠ 가리키어 확실하게 정하다.

㉡ 공공 기관, 학교, 회사 등이 어떤 것에 특정한 자격을 주다.

✏️ 교과서에서 '**지정하다**'가 어떻게 쓰이는지 살펴보고, 문제를 풀어 보세요.

 4학년 1학기 | #메모

　메모는 다른 사람에게 말을 전하거나 자신의 기억을 돕기 위하여 짤막하게 적어 두는 일 또는 그렇게 적은 글을 말합니다. 우리는 생활 속에서 다양한 방법으로 메모를 하고 있습니다. 알림장을 쓰고, 도서관에서 빌릴 책의 제목을 수첩에 적습니다. 또 휴대전화 알림을 ㉠**지정하고**, 달력에 약속을 표시하는 것도 메모라고 볼 수 있습니다. 이렇게 메모를 하면 중요한 일이나 내용을 잊어버리지 않을 수 있고, 생각을 잘 정리할 수 있습니다.

3 ㉠과 같은 뜻으로 쓰인 낱말은 무엇인가요?　　　　(✏️　　)

　① 체험 학습에 가서 반 친구들이 모일 장소를 지정했습니다.
　② 우리 지역에서는 산들 공원 앞을 차 없는 거리로 지정했습니다.
　③ 한글의 중요성을 알리고자 10월 9일을 한글날로 지정했습니다.

4 다음 중 메모로 보기 어려운 것은 무엇인가요?　　　　(✏️　　)

　① 내일 학교에 가져갈 준비물을 수첩에 적는 것
　② 오늘 꼭 해야 할 일들을 머릿속에 기억하는 것
　③ 소풍 가는 날짜에 휴대전화 알림을 지정하는 것

5 이 글의 내용을 다음과 같이 메모하였을 때, 잘못된 부분을 찾아 X표를 하고, 해당 부분을 바르게 고치세요.

〈메모를 하면 좋은 점〉
◦ 중요한 일이나 내용을 잘 잊어버릴 수 있음.　➡️　(✏️　　　　)
◦ 생각을 잘 정리할 수 있음.

정부에서는 역사적으로 중요한 장소를 유적지로 ㉡**지정합니다.** 유적지는 옛날에 만들어진 건축물, 싸움터, 역사적 사건이 벌어졌던 곳처럼 옛날 사람들의 흔적이 남아 있는 곳을 말합니다. 예를 들어 조선 시대에 일본군이 쳐들어와서 큰 싸움이 일어났던 경남 진주의 진주성도 유적지로 지정되어 있습니다.

▲ 진주성

6 ㉡의 뜻으로 알맞은 것은 무엇인가요? (   )

① 가리키어 확실하게 정하다.
② 공공 기관, 학교, 회사 등이 어떤 것에 특정한 자격을 주다.

7 이 글은 무엇에 대해 설명하고 있는지 쓰세요.

☐ ☐ ☐

8 빈칸에 들어갈 수 있는 장소를 모두 고르세요. (   )

정부와 각 지역에서는 [   ]을/를 유적지로 지정했습니다.

① 조선 시대의 왕이 살았던 궁전
② 주민들이 운동을 하려고 찾는 체육공원
③ 최근에 지어져 새로운 도서가 많고 편리한 도서관
④ 옛날 사람들의 무덤인 고인돌이 여러 개 발견된 장소

08
일차

공유하다

과학	국어
다양한 생물들과 지구를 **공유하고** 있습니다.	각자 떠올린 내용을 **공유하여** 주제를 정합니다.

'공유하다'는 공동으로 한 물건을 소유하거나 이용한다는 표현을 할 때, 정보나 감정 등을 나눈다는 표현을 할 때 써. 이때 무엇을 공유하는지 살펴봐야 해.

공유하다

두 사람 이상이 한 물건을 공동으로 소유하거나 이용하다.

- 자연 환경
- 장소
- 물건

정보, 의견, 감정 등을 나누다.

- 방법
- 생각
- 느낌

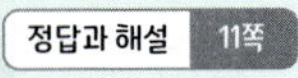

서술어를 익혀요

공유하다 共 함께 **공** 有 가질 **유**

❶ 두 사람 이상이 한 물건을 공동으로 소유하거나 이용하다.

> 학생들은 학교에서 운동장을 **공유한다**.

❷ 정보나 의견, 감정 등을 나누다.

> 우리 지역에 대해 조사한 내용을 친구와 **공유했다**.

✏️ 연습하기

1 밑줄 그은 낱말의 뜻에 맞는 말을 괄호 안에서 골라 ○표를 하세요.

❶ 학급 회의에서 체험 학습 장소에 대한 의견을 <u>공유했다</u>.
→ 뜻 정보나 의견, 감정 등을 (나누다 | 남기다).

❷ 그 땅은 마을 사람들이 <u>공유하여</u> 함께 농사를 짓고 있다.
→ 뜻 (한 사람 | 두 사람 이상)이 한 물건을 공동으로 가지고 있거나 이용하다.

2 '공유하다'의 쓰임이 알맞지 <u>않은</u> 것은 무엇인가요? (✎　　　)

① 공원 근처의 자전거 보관소는 지역 주민이 <u>공유한다</u>.
② 요리사는 방송에서 만두를 예쁘게 빚는 방법을 <u>공유했다</u>.
③ 내 친구는 외동이라 집에 있는 책이나 장난감을 혼자 <u>공유한다</u>.

3 밑줄 그은 낱말의 뜻이 같은 것끼리 선으로 이으세요.

❶ 대회에서 우승한 기쁨을 친구와 <u>공유하고</u> 싶다. ・

❷ 학생들은 교실 앞에 있는 연필깎이를 <u>공유한다</u>. ・

・ ㄱ 우리 학교 학생들은 체육관의 운동 기구를 <u>공유한다</u>.

・ ㄴ 아파트 주민들은 주변 상점에 대한 정보를 서로 <u>공유했다</u>.

✏️ 교과서에서 '**공유하다**'가 어떻게 쓰이는지 살펴보고, 문제를 풀어 보세요.

 4학년 1학기 | #다양한 생물

지구에는 여러 식물과 동물이 있습니다. 또 ㉠식물이나 동물이 아닌 생물도 있습니다. 그중 버섯이나 곰팡이 같은 생물은 균류라고 하고, 미역이나 파래와 같은 생물은 원생생물이라고 합니다. 균류와 원생생물보다 작은 세균도 있습니다. 우리는 이렇게 다양한 생물들과 지구를 ㉡공유하며 살아가고 있습니다.

▲ 파래

4 ㉠에 해당하는 것이 아닌 것은 무엇인가요?　　　　　　　(✏️ 　　)

① 버섯　　　② 파래　　　③ 세균　　　④ 선인장　　　⑤ 곰팡이

5 밑줄 그은 낱말이 ㉡의 뜻으로 사용된 것은 무엇인가요?　　　　(✏️ 　　)

① 학급 도서는 우리 반 친구들이 공유하며 읽습니다.
② 정아는 주하와 대화하며 자신의 고민을 공유했습니다.
③ 색종이로 꽃을 접는 방법을 모둠 친구들과 공유합니다.
④ 화산에 대해 조사하여 온라인 학급 게시판에 공유합니다.

6 이 글의 핵심 내용을 파악하여 빈칸에 들어갈 알맞은 말을 쓰세요.

우리는 다양한 생물들과 지구를 　　　　　하고 있다.

국어 4학년 1학기 | #토의하기

여러 사람이 의견을 나누어 어떤 문제를 해결하는 방법을 토의라고 합니다. 우선 각자 떠올린 내용을 **공유하여** 적절한 토의 주제를 정합니다. 토의 주제가 정해지면 주제에 대한 서로의 의견을 ⓒ나눕니다. 이때 의견이 주제에 알맞은 내용인지 판단해야 합니다. 여러 의견이 모인 뒤에는 기준에 따라 가장 알맞은 의견을 결정합니다. 이렇게 토의를 통해 문제를 해결하면 문제 상황을 잘 이해할 수 있고, 문제 해결에 직접 참여할 수 있습니다.

7 ⓒ과 바꾸어 쓸 수 있는 낱말은 무엇인가요? (✎　　)

① 공유합니다　　　　② 변경합니다　　　　③ 추천합니다

8 토의를 하면 좋은 점이 <u>아닌</u> 것은 무엇인가요? (✎　　)

① 문제 상황을 잘 이해할 수 있다.
② 문제 해결에 직접 참여할 수 있다.
③ 내가 원하는 방법으로 문제를 해결할 수 있다.

9 토의 순서를 다음과 같이 정리할 때, 괄호 안에 들어갈 알맞은 말을 골라 ○표를 하세요.

각자 떠올린 내용을 (공유 ｜ 녹음)하여 토의 주제 정하기

토의 (결과 ｜ 주제)에 대한 의견 나누기

기준에 따라 가장 알맞은 의견 (결정 ｜ 교환)하기

제외하다

수학

직각을 **제외하고**
나머지 각은 어떤 각일까요?

사회

기준에 맞지 않는
물건은 **제외합니다**.

'제외하다'는 따로 떼어 내어 한곳에서 헤아리지 않는다는 표현을 할 때 써. 무엇을 제외하는지, 제외한 뒤에 남는 대상은 무엇인지 살펴봐야 해.

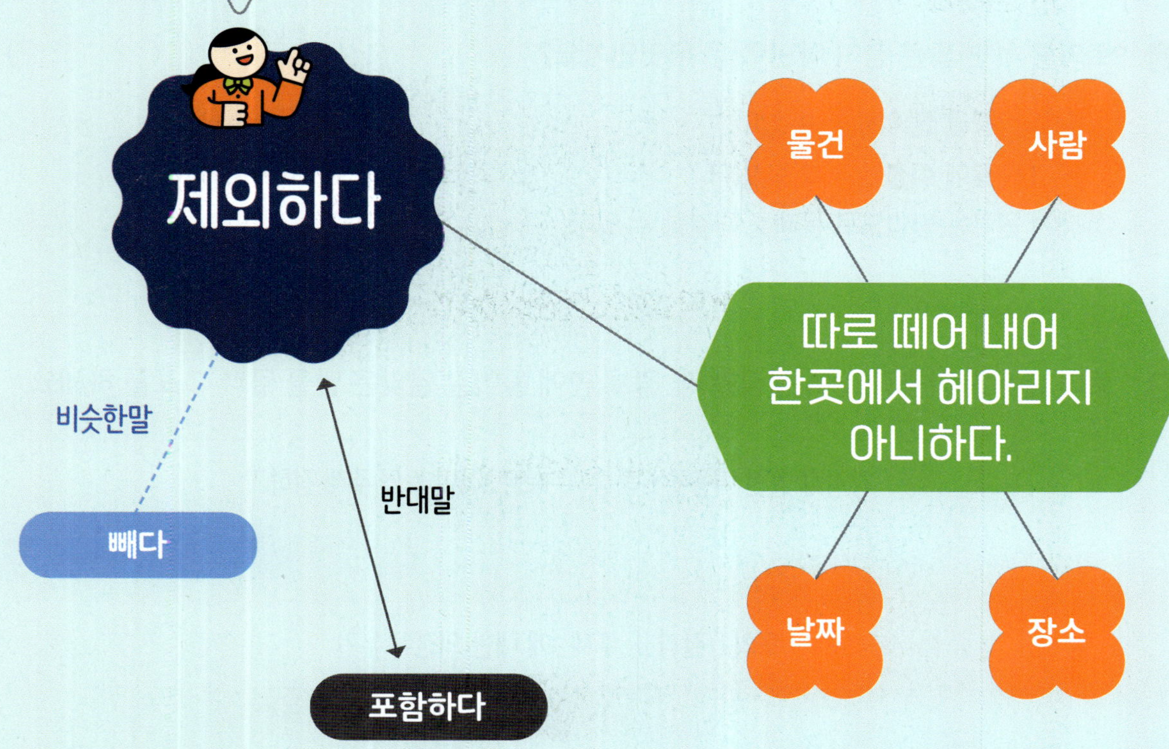

정답과 해설 12쪽

제외하다　　除 덜 제　外 바깥 외

따로 떼어 내어 한곳에서 헤아리지 아니하다.

(비슷한말) 빼다
(예) 밥 먹는 시간만 빼고 종일 책을 읽었다.
(반대말) 포함하다
(예) 우리 가족은 나를 포함하여 모두 셋이다.

살 것을 적은 목록에서 그 과자는 **제외했다**.

2반을 **제외하고** 다른 반은 아직 운동장에 나오지 않았다.

✏ 연습하기

1 밑줄 그은 낱말의 뜻으로 알맞은 것은 무엇인가요?　　(　　　)

> 그 가게는 떡볶이를 메뉴에서 <u>제외했다</u>.

① 따로 떼어 내어 한곳에서 헤아리다.
② 따로 떼어 내어 한곳에서 헤아리지 아니하다.

2 다음 문장으로 볼 때, 도서관을 운영하지 않는 날은 언제인가요?　　(　　　)

> 우리 지역 도서관은 금요일을 제외하고 다른 요일에는 모두 운영합니다.

① 월요일　　　② 화요일　　　③ 금요일　　　④ 일요일

3 알맞은 낱말을 괄호 안에서 골라 ○표를 하여 문장을 완성해 보세요.

> 가족 여행 장소를 정할 때, 나는 바다에 가고 싶다고 했다. 그런데 나를 (제외하고 ┃ 포함하여) 다른 식구들은 계곡으로 가고 싶다고 말했다. 그래서 우리 가족은 계곡으로 여행을 가기로 했다.

교과서를 이해해요

✏ 교과서에서 '**제외하다**'가 어떻게 쓰이는지 살펴보고, 문제를 풀어 보세요.

4학년 1학기 | #삼각형 #각의 크기에 따른 분류

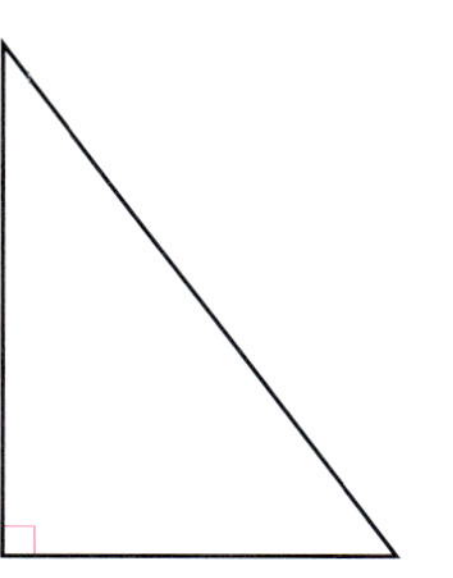

　각에는 90°인 직각, 0°보다 크고 90°보다 작은 예각, 90°보다 크고 180°보다 작은 둔각이 있습니다. 예각삼각형은 세 각이 모두 예각인 삼각형입니다. 직각삼각형은 한 각이 직각인 삼각형을 말합니다. 그렇다면 직각삼각형에서 직각을 ㉠제외하고 나머지 두 각은 어떤 각일까요?

4 ㉠의 뜻으로 알맞은 것은 무엇인가요?　　　　　　　　　　　(✐ 　　　)

① 따로 떼어 내어 한곳에서 헤아리지 아니하다.
② 어떤 사물이나 상태 가운데 함께 들어가게 하거나 함께 넣다.

5 직각삼각형에서 직각을 제외하고 나머지 두 각은 어떤 각인가요?　　(✐ 　　　)

① 두 각 모두 둔각입니다.
② 두 각 모두 예각입니다.
③ 한 각은 둔각이고, 또 한 각은 예각입니다.

6 다음 문장의 빈칸에 들어갈 알맞은 낱말을 쓰세요.

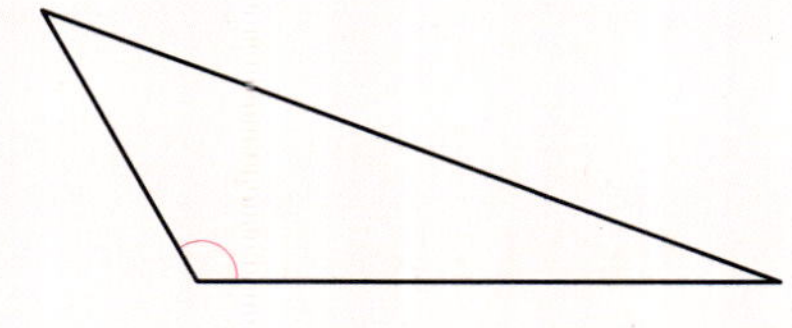

둔각삼각형은 한 각이 둔각인 삼각형으로, □□ 을 제외하고 나머지 두 각은 모두 □□ 입니다.

50

사회 4학년 1학기 | #합리적 선택

필요한 물건을 살 때 합리적 선택을 하려면 어떻게 해야 할까요? 먼저 자신이 가진 돈이 얼마인지 확인합니다. 그리고 물건을 선택할 때 따져 볼 기준을 몇 가지 세웁니다. 그 뒤에 사려는 물건에 대한 정보를 수집하고, 선택 기준에 따라 각 물건을 비교해 봅니다. 이때 기준에 맞지 않는 물건은 ⓛ제외하고 자신에게 가장 알맞은 것을 고르면 합리적 선택을 할 수 있습니다.

7 ⓛ과 바꾸어 쓸 수 있는 낱말은 무엇인가요?　（　　　）

① 깎고　　　　② 빼고　　　　③ 만들고　　　　④ 줄이고

8 이 글의 핵심 내용은 무엇인가요?　（　　　）

① 필요한 물건을 제외하는 방법
② 필요한 물건의 정보를 수집하는 방법
③ 필요한 물건을 살 때 합리적 선택을 하는 방법

9 말풍선의 빈칸에 알맞은 낱말을 써넣어 대화를 완성해 보세요.

10
일차

보관하다

<table>
<tr><td>

사회

얼음을 잘라
석빙고에 **보관합니다**.

</td><td>

과학

음식을 잘못 **보관하면**
곰팡이가 생깁니다.

</td></tr>
</table>

'보관하다'는 물건을 맡아서 간직하고 관리한다는
표현을 할 때 써. 이때 무엇을 어디에 보관하는지 살펴
봐야 해.

보관하다　　保 지킬 보　管 집 관

물건을 맡아서 간직하고 관리하다.

(비슷한말) 두다

(예) 약은 약통에 <u>두었다가</u> 필요할 때 사용해.

중요한 물건을 금고에 **보관한다**.

어릴 적에 찍은 사진을 앨범에 **보관하고** 있다.

✏️ 연습하기

1 밑줄 그은 낱말의 뜻에 맞는 말을 괄호 안에서 골라 ○표를 하세요.

> 바로 사용하지 않는 학용품은 사물함에 <u>보관합니다</u>.

→ 뜻 (물건 | 사람)을 맡아서 (간직하고 | 사용하고) 관리하다.

2 밑줄 그은 낱말과 뜻이 비슷한 낱말은 무엇인가요?　　(　　　)

> 떡을 냉동실에 <u>보관했다가</u> 그때그때 녹여 먹는다.

① 걸었다가　　　② 더했다가　　　③ 두었다가　　　④ 만들었다가

3 빈칸에 '보관하다'를 쓸 수 <u>없는</u> 문장의 기호를 쓰세요.　　(　　　)

> ㉠ 단풍을 보려고 산에 　　　　.
> ㉡ 신고 온 신발을 벗어서 신발장에 　　　　.
> ㉢ 사람이 집에 없을 때 오는 택배를 택배함에 　　　　.
> ㉣ 계절이 지난 옷을 깨끗하게 세탁하여 옷장에 　　　　.

교과서를 이해해요

✏️ 교과서에서 '**보관하다**'가 어떻게 쓰이는지 살펴보고, 문제를 풀어 보세요.

4학년 1학기 | #석빙고 #국가유산

경상남도 창녕군에는 우리 조상들이 얼음을 ㉠**보관하려고** 돌을 쌓아서 만든 석빙고가 남아 있습니다. 겨울에 강에서 얼음을 잘라 이곳에 **보관하면** 여름까지 얼음이 녹지 않았습니다. 천장에 뚫린 구멍으로 더운 공기가 빠져나가 내부가 시원하게 유지되도록 만든 것으로 보입니다.

▲ 석빙고

4 ㉠의 뜻으로 알맞은 것은 무엇인가요? (✐)

① 물건을 맡아서 간직하고 관리하다.

② 어지럽게 흩어진 것을 규모 있게 고쳐 놓거나 가지런히 바로잡아 정리하다.

5 알맞은 낱말을 괄호 안에서 골라 ○표를 하여 문장을 완성해 보세요.

석빙고는 보관된 재료를 차갑게 (녹이는 | 유지하는) 역할을 했다는 점에서 오늘날의 냉장고와 비슷합니다. 냉장고는 음식과 음료를 신선하게 (보관하고 | 정리하고), 석빙고처럼 얼음도 넣어 둘 수 있습니다.

6 석빙고에 대한 설명으로 알맞은 것은 무엇인가요? (✐)

① 주로 겨울에 사용하기 위해 만든 장소이다.

② 돌을 빈틈없이 쌓아 내부를 시원하게 유지했다.

③ 옛날에 만들었지만 지금까지 남아 있는 곳이 있다.

과학 4학년 1학기 #다양한 생물 #균류

버섯이나 곰팡이와 같은 생물을 균류라고 합니다. 균류는 우리 생활에 여러 영향을 미칩니다. 우선 된장이나 간장을 만들 때 균류가 발효를 도와서 맛이 좋게 만들어 줍니다. 영지버섯은 약이나 건강식품을 만드는 데 이용되기도 합니다. 반면 빵이나 과일과 같은 음식을 잘못 ㉡<u>보관하면</u> 해로운 곰팡이가 생기는데, 이것은 음식을 상하게 만듭니다. 이런 음식을 먹게 되면 배탈이 나므로 주의해야 합니다.

7 ㉡의 쓰임으로 알맞지 <u>않은</u> 것은 무엇인가요? (   )

① 나는 세뱃돈을 받으면 은행에 보관한다.
② 오늘은 날씨가 더워서 선풍기를 보관한다.
③ 누리집에서 찾은 자료를 컴퓨터에 보관한다.

8 이 글의 내용으로 알맞지 <u>않은</u> 것은 무엇인가요? (   )

① 균류에는 버섯과 곰팡이가 있다.
② 영지버섯은 함부로 먹으면 배탈이 난다.
③ 음식을 잘못 보관하면 해로운 곰팡이가 생긴다.

9 균류가 우리 생활에 어떤 영향을 미치는지 골라 선으로 이으세요.

1	약이나 건강식품을 만드는 데 이용하기도 한다.
2	된장이나 간장을 만들 때 발효가 잘 되도록 돕는다.
3	해로운 곰팡이가 생긴 음식을 먹으면 배탈이 날 수 있다.

㉠ 좋은 영향

㉡ 좋지 않은 영향

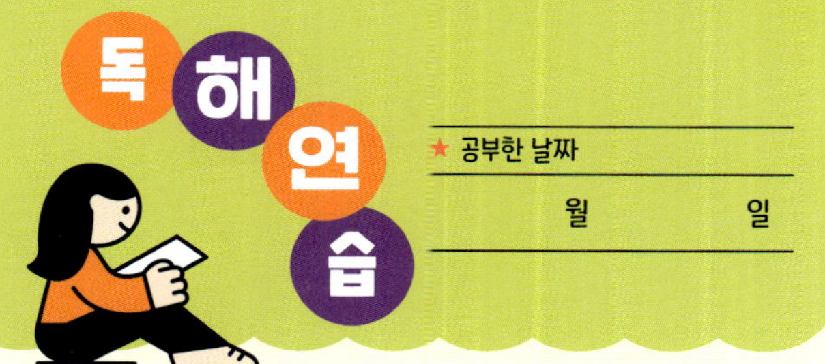

✏️ 다음 서술어를 찾아 ◯표를 하며 읽어 보세요.

제외하다   보관하다   차단하다
지정하다   공유하다

1   옹기는 진흙을 구워서 만든 그릇으로, 아주 오래전부터 사용되었습니다. 옹기는 크게 오지그릇과 질그릇으로 구분할 수 있습니다. 오지그릇은 진흙으로 그릇의 모양을 만들고, 표면에 잿물을 바릅니다. 그래서 겉이 매끄럽고 반들반들합니다. 질그릇도 진흙으로 만들지만, 표면에 잿물을 바르지 않습니다. 그래서 겉이 거칩니다.

2   옹기는 숨을 쉬는 그릇으로 불리기도 합니다. 옹기에는 작은 구멍들이 있는데, 이 구멍으로 물은 들어오지 않고 공기만 통합니다. 옹기의 구멍은 옹기의 재료인 진흙에 있는 모래들 사이에 틈이 생겨 만들어집니다. 옹기를 굽는 과정에서 진흙에 있던 물이 사라지면서 그 사이에 구멍이 생기기도 하는 것입니다.

3   옹기에 있는 구멍은 음식을 잘 썩지 않게 도와줍니다. 그래서 곡식이나 채소를 바로 먹을 것을 제외하고 나머지를 옹기에 보관하면, 오랫동안 신선한 상태로 유지할 수 있습니다. 그리고 김치나 된장과 같은 발효 식품 속 유산균이 잘 자랄 수 있게 해 줍니다. 공기를 완전히 ㉠차단하면 유산균이 잘 자라지 못하는데, 옹기는 공기가 통하는 그릇이라 그 안에서 유산균이 잘 자랄 수 있습니다.

4   옹기는 조상들의 지혜를 엿볼 수 있는 중요한 그릇입니다. 그래서 나라에서는 옹기를 만드는 방법이 계속 이어질 수 있도록 옹기를 만드는 사람인 '옹기장'을 국가 무형유산으로 지정하여 관리합니다. 그리고 옹기를 알리는 자료를 만들어 많은 사람과 공유하고 있습니다.

◆ 잿물: 도자기의 몸에 덧씌우는 약. 도자기에 액체나 기체가 스며들지 못하게 하며 겉면에 광택이 나게 한다.

공부한 서술어를 활용해 말풍선을 완성하세요.

1 옹기에 대한 설명으로 알맞은 것은 무엇인가요? ( )

① 옹기는 돌을 깎아서 만든 그릇입니다.

② 옹기에 음식을 보관하면 잘 썩지 않습니다.

③ 옹기는 최근에 만들어지기 시작한 그릇입니다.

④ '옹기장'은 옹기를 사용하여 담근 된장을 말합니다.

⑤ 옹기는 공기를 완전히 차단하여 유산균이 잘 자라게 합니다.

2 빈칸에 알맞은 낱말을 써넣어 내용을 정리하세요.

	오지그릇	질그릇
같은 점	□□(으)로 만듦.	
다른 점	∘ □□에 잿물을 바름. ∘ 표면이 매끄럽고 반들반들함.	∘ 표면에 잿물을 바르지 않음. ∘ 표면이 □□.

3 알맞은 낱말을 괄호 안에서 골라 ○표를 하여 문장을 완성해 보세요.

> 나라에서는 '옹기장'을 국가 무형유산으로 (지정하고 | 확인하고), 옹기에 대해 알리는 자료를 (공유하며 | 저장하며) 옹기를 지키려는 다양한 노력을 하고 있습니다.

4 ㉠의 뜻으로 알맞은 것은 무엇인가요? ( )

① 정보나 의견, 감정 등을 나누다.

② 물건을 맡아서 간직하고 관리하다.

③ 따로 떼어 내어 한곳에서 헤아리지 아니하다.

④ 두 사람 이상이 한 물건을 공동으로 소유하거나 이용하다.

⑤ 액체나 기체 등의 흐름 또는 통로를 막거나 끊어서 통하지 못하게 하다.

알맞은 명령어에 ○표를 하며
공부 준비를 확인해요.

이번 주 공부를 마치면

공부했던 5개의 낱말을 복습한다 / 예습한다

배운 낱말을 넣어서 글씨 / 문장 을/를 만들어 본다.

만약 헷갈리는 낱말이 있다면

넘어간다. / 다시 한번 살펴본다.

지난주 / 다음 주 에 공부할 낱말을 미리 살펴본다.

이번 주에는 무엇을 배울까요?

일차	서술어	과목	쪽수
11일	맺히다	과학, 국어	60
12일	발달하다	사회, 과학	64
13일	측정하다	사회, 수학	68
14일	부족하다	사회, 국어	72
15일	생산하다	사회, 과학	76
		독해 연습	80

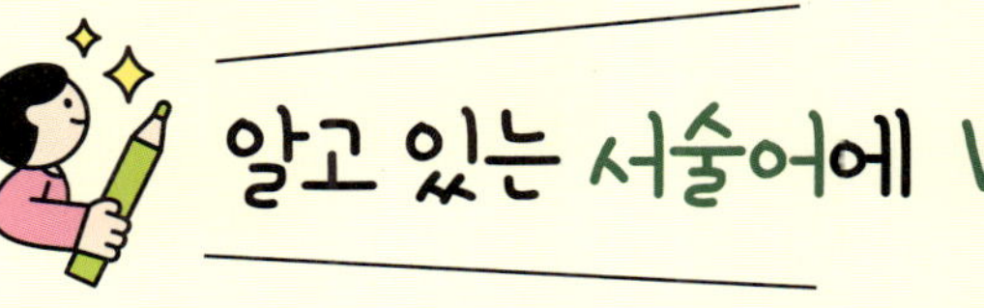

알고 있는 서술어에 V표를 하세요.

- [ ] 맺히다
- [ ] 발달하다
- [ ] 측정하다
- [ ] 부족하다
- [ ] 생산하다

★ 공부한 날짜
월   일

맺히다

과학
풀잎의 표면에
물방울이 **맺힙니다**.

국어
포도가 탱글탱글
맺혔습니다.

'맺히다'는 액체가 작은 방울을 지어 매달린다는
표현을 할 때, 열매나 꽃이 생겨난다는 표현을 할 때
써. 이때 어디에 무엇이 맺히는지를 살펴봐야 해.

맺히다

물방울이나
땀방울 등이 생겨
매달리게 되다.

물방울   땀   눈물

열매나 꽃망울 등이
생겨나거나 그것이
이루어지다.

열매   꽃망울

 서술어를 익혀요

맺히다

① 물방울이나 땀방울 등이 생겨 매달리게 된다.

슬픈 영화를 보고 눈에 눈물이 **맺혔어**.

② 열매나 꽃망울 등이 생겨나거나 그것이 이루어지다.

비슷한말 달리다

뜻 열매가 맺히다.

예 나무에 사과가 많이 달렸다.

내가 가꾸는 장미에 꽃망울이 **맺혔어**.

✏️ 연습하기

1 밑줄 그은 낱말의 뜻을 보기 에서 골라 그 기호를 쓰세요.

> 보기   맺히다
>
> ㉠ 물방울이나 땀방울 등이 생겨 매달리게 된다.
> ㉡ 열매나 꽃망울 등이 생겨나거나 그것이 이루어지다.

① 꽃잎에 이슬이 맺혔다. (✏️   )
② 꽃이 진 자리에 열매가 맺혔다. (✏️   )

2 밑줄 그은 낱말의 뜻이 같은 것끼리 선으로 이으세요.

① 넘어져서 다친 곳에 피가 맺혔다.   •

• ㉠ 개나리 꽃망울이 예쁘게 맺혔다.

② 배나무에 아직 열매가 맺히지 않았다.   •

• ㉡ 달리기를 하고 나니 이마에 땀이 맺혔다.

교과서를 이해해요

✏ 교과서에서 '**맺히다**'가 어떻게 쓰이는지 살펴보고, 문제를 풀어 보세요.

과학 | 4학년 1학기 | #응결 #물의 생태 변화

이른 아침, 풀잎의 표면에 물방울이 ㉠**맺힙니다**. 또 추운 곳에 있다가 따뜻한 실내로 들어가면 안경알에 물방울이 **맺히기도** 합니다. 공기 중에 있던 수증기가 차가운 물체의 표면에 닿아 물로 변하기 때문입니다. 이처럼 기체인 수증기가 액체인 물로 변하는 현상을 응결이라고 합니다.

▲ 풀잎에 맺힌 물방울

3 ㉠의 뜻으로 알맞은 것은 무엇인가요? (✎)

① 물방울이나 땀방울 등이 생겨 매달리게 되다.
② 열매나 꽃망울 등이 생겨나거나 그것이 이루어지다.

4 빈칸에 들어갈 수 있는 낱말은 무엇인가요? (✎)

냄비를 가열하면, 냄비 뚜껑 안쪽에 물방울이 [ ]. 이러한 현상을 응결이라고 합니다.

① 핍니다　　　② 만듭니다　　　③ 맺힙니다

5 이 글의 핵심 내용을 파악하여 빈칸에 들어갈 알맞은 말을 쓰세요.

[ ][ ]은/는 기체인 수증기가 액체인 물로 [ ][ ][ ] 현상입니다.

국어　4학년 1학기 | #감각적 표현

　우리는 눈, 코, 입, 귀, 손과 같은 여러 신체 기관으로 대상의 느낌을 알 수 있습니다. 이렇게 알게 된 느낌을 생생하게 표현할 수 있는데, 이를 감각적 표현이라고 합니다. 예를 들어 '포도가 탱글탱글 ㉡<u>맺혔습니다</u>.'라는 문장에서는 과일 속이 꽉 찬 포도의 표면을 '탱글탱글'이라는 감각적 표현으로 드러내고 있습니다. 이러한 감각적 표현을 사용하면 대상을 좀 더 생생하고 실감 나게 표현할 수 있습니다.

6 ㉡과 바꾸어 쓸 수 있는 낱말로 알맞은 것을 <u>모두</u> 고르세요.　　　　(　　　　)

① 맞혔습니다　　　　　　　　　② 열렸습니다

③ 달렸습니다　　　　　　　　　④ 채웠습니다

7 문장의 빈칸에 들어갈 감각적인 표현을 보기 에서 찾고, 사다리를 타고 내려가 그 기호를 쓰세요.

보기　　㉮ 송송　　㉯ 그렁그렁　　㉰ 탱글탱글

포도가 [　] 맺혔습니다.

눈에 눈물이 [　] 맺혔습니다.

콧잔등에 땀이 [　] 맺혔습니다.

발달하다

사회

최근에 정보 기술이
발달했습니다.

과학

큰 바위나 돌이 많은
지형이 **발달합니다.**

'발달하다'는 학문이나 기술이 높은 수준에
이르렀다고 할 때, 지역이 크게 형성되었다고 할 때,
태풍의 규모가 커진다고 할 때 쓰는 표현이야.

발달하다

현상이 높은
수준에 이르다.

학문
기술
문화

지역이나 대상이
크게 형성된다.

산지
평야
해수
욕장

서술어를 익혀요

발달하다 發 필 발 達 통달할 달

❶ 학문, 기술, 문명, 사회 등의 현상이 보다 높은 수준에 이르다.

(비슷한말) 발전하다

(예) 소형 컴퓨터 기술이 발전했다.

····· 과학 기술이 빠른 속도로 **발달한다**.

❷ 지리상의 어떤 지역이나 대상이 제법 크게 형성되다. 또는 기압, 태풍 등의 규모가 점차 커지다.

····· ◦ 우리 지역은 들이 **발달했다**.
◦ 태풍이 **발달하여** 제주도로 향하고 있다.

✏️ 연습하기

1 밑줄 그은 낱말의 뜻에 맞는 말을 괄호 안에서 골라 ◯표를 하세요.

❶ 사람들이 모여 살며 점차 문화가 발달했다.

→ 뜻 학문, 기술, 문명, 사회 등의 현상이 보다 (낮은 | 높은) 수준에 이르다.

❷ 2호 태풍은 매우 강력한 태풍으로 발달했다.

→ 뜻 기압, 태풍 등의 규모가 점차 (커지다 | 작아지다).

2 밑줄 그은 내용과 뜻이 비슷한 낱말을 상자 속 글자 카드를 이용하여 쓰세요.

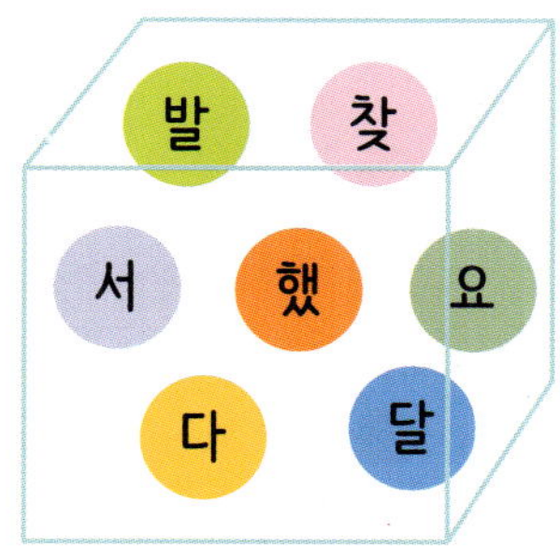

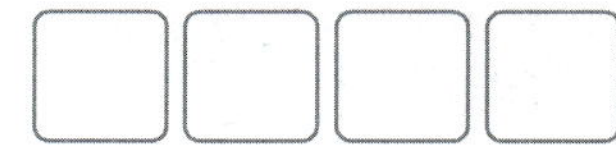

우리 지역은 산이 많아 주로 산지가 제법 크게 형성되었다.

☐ ☐ ☐ ☐

✏ 교과서에서 '발달하다'가 어떻게 쓰이는지 살펴보고, 문제를 풀어 보세요.

사회　4학년 1학기 | #다양한 지도 #지도의 활용

우리는 일상생활에서 다양한 지도를 사용합니다. 박물관에서는 안내도를 보고 전시실의 위치를 확인합니다. 버스의 노선도를 활용하여 버스의 이동 방향을 알 수도 있습니다. 자동차로 이동할 때는 도로 교통 지도를 보면서 길을 찾아가기도 합니다. 최근에는 정보 통신 기술이 ㉠<u>발달하면서</u> 컴퓨터와 스마트폰으로 언제 어디서든 인터넷 지도를 활용합니다. 인터넷 지도로 빠른 길 찾기, 입체 지도 등 다양한 형태의 지도를 이용할 수 있습니다.

3 ㉠과 바꾸어 쓸 수 있는 낱말로 알맞은 것은 무엇인가요?　(✏ 　)

① 발전하면서　　　　② 전달하면서　　　　③ 활달하면서

4 이 글의 내용으로 맞으면 ○표, 틀리면 ✕표를 고르세요.

❶ 빠른 길 찾기, 입체 지도 등 다양한 형태의 지도를 이용할 수 있다.　○　✕
❷ 정보 통신 기술이 발달하면서 지도를 보지 않아도 길을 쉽게 찾을 수 있다.　○　✕

5 다음 설명에 해당하는 지도의 종류를 찾아 선으로 이으세요.

❶ 도로에서 길을 찾습니다.　•　　　•　㉠ 안내도

❷ 전시실의 위치를 확인합니다.　•　　　•　㉡ 버스 노선도

❸ 버스가 이동하는 방향을 알 수 있습니다.　•　　　•　㉢ 도로 교통 지도

　흐르는 물이 바위나 돌, 흙 등을 깎는 것을 침식 작용이라고 합니다. 깎인 돌이나 흙 등이 이동하는 것을 운반 작용이라고 하고, 운반된 돌이나 흙 등이 한 곳에 쌓이는 것을 퇴적 작용이라고 합니다. 강의 상류에서는 침식 작용이 활발하게 일어나서, ⓛ큰 바위나 모난 돌이 많은 지형이 **발달합니다**. 반면 강의 하류에서는 주로 퇴적 작용이 일어나서, 흐르는 물을 따라 운반된 돌이나 흙 등이 쌓인 것을 볼 수 있습니다.

6　ⓛ의 의미로 알맞은 것은 무엇인가요?　(　　　　)

① 큰 바위나 모난 돌이 많은 현상이 보다 높은 수준에 이르렀다.
② 큰 바위나 모난 돌이 많은 땅의 형태가 제법 크게 형성되었다.

7　이 글의 내용을 다음과 같이 정리할 때, 괄호 안에 들어갈 말에 ○표를 하세요.

침식 작용	○ 흐르는 물이 바위나 돌, 흙 등을 (깎는 | 운반하는) 것 ○ 주로 강의 (상류 | 하류)에서 활발하게 일어남.
운반 작용	깎인 돌이나 흙 등이 이동하는 것
퇴적 작용	○ 흐르는 물을 따라 운반된 돌이나 흙이 (깎이는 | 쌓이는) 것 ○ 주로 강의 (상류 | 하류)에서 활발하게 일어남.

8　이 글의 제목으로 알맞은 것은 무엇인가요?　(　　　　)

① 바다의 흐름과 돌의 상태 변화
② 물의 상태 변화와 산 주변의 지형
③ 흐르는 물의 작용과 강 주변의 지형

13 일차

측정하다

사회

기상청에서는 기온과 강수량을 **측정합니다**.

수학

저울로 블록의 무게를 **측정하려고** 합니다.

'측정하다'는 수량이나 크기 등을 주로 기계 또는 장치를 사용하여 잴 때 쓰는 표현이야. 이때 무엇을 재는지 확인해야 해.

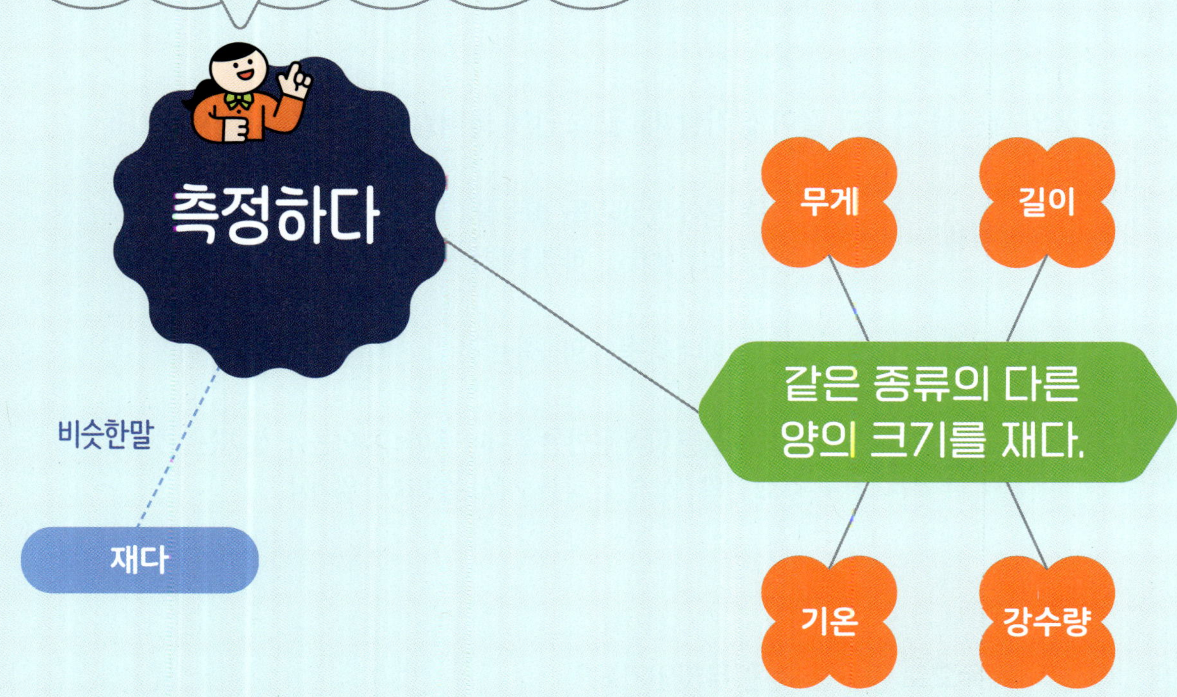

측정하다 　測 잴 측 　定 정할 정

일정한 양을 기준으로 하여 같은 종류의 다른 양의 크기를 재다.

(비슷한말) 재다

(뜻) 자, 저울 등의 기구를 이용하여 길이, 너비, 높이, 깊이, 무게, 온도, 속도 등의 정도를 알아보다.

(예) 자로 높이를 잰다.

> 저울로 택배의 무게를 **측정한다**.

> 병원에 가면 먼저 간호사가 체온을 **측정한다**.

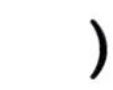

✏ 연습하기

1 밑줄 그은 낱말과 바꾸어 쓸 수 있는 낱말은 무엇인가요? (　　　)

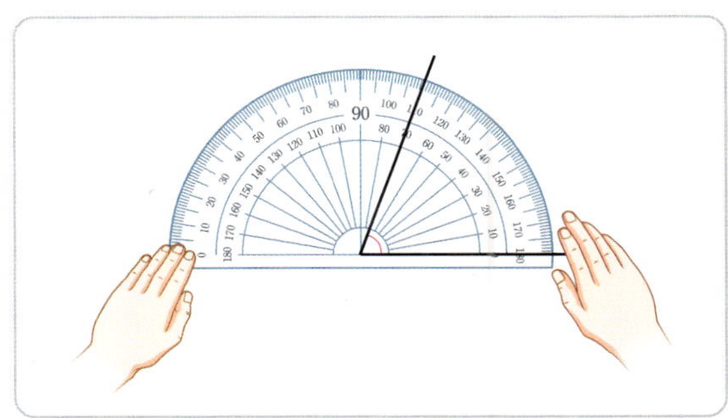

> 각도기를 이용하여 각의 크기를 <u>잰다</u>.

① 구분한다　　　　② 측정한다　　　　③ 표시한다

2 빈칸에 '측정하다'를 쓸 수 <u>없는</u> 문장의 기호를 쓰세요. (　　　)

㉠ 학교에서 공원까지의 거리를 [　　　　].

㉡ 안경을 맞출 때에는 시력을 먼저 [　　　　].

㉢ 마트에 가서 필요한 물건이 있는지 [　　　　].

㉣ 공기 중에 미세 먼지가 얼마나 있는지 [　　　　].

교과서를 이해해요

✏️ 교과서에서 '**측정하다**'가 어떻게 쓰이는지 살펴보고, 문제를 풀어 보세요.

4학년 1학기 | #기상청의 역할

　기상청은 기온과 풍속, 강수량 등을 ㉠**측정하고** 관찰하여, 사람들에게 날씨를 알려 주는 곳입니다. 기온은 공기의 온도를, 풍속은 바람이 부는 속도를 말합니다. 또 강수량은 어떤 곳에 일정 기간 내린 비나 눈 등과 같은 물의 양을 가리키는 말입니다. 기상청은 **측정한** 자료를 바탕으로 일기 예보를 제공하여, 사람들이 안전하고 편리하게 생활할 수 있도록 돕고 있습니다.

3 ㉠의 뜻으로 알맞은 것은 무엇인가요?　　　　　　　　　　　　　　(✏️　　)

① 일정한 양을 기준으로 하여 같은 종류의 다른 양의 크기를 재다.
② 어떤 일이나 대상의 내용을 상대편이 잘 알 수 있도록 밝혀 말하다.

4 문장의 의미가 같은 것끼리 선으로 이으세요.

① 기온을 측정하다. ·　　　· ㉠ 바람의 속도를 재다.

② 풍속을 측정하다. ·　　　· ㉡ 공기의 온도를 재다.

③ 강수량을 측정하다. ·　　　· ㉢ 비와 눈 등 땅 위에 내리는 물의 양을 재다.

5 이 글을 읽고 빈칸에 들어갈 알맞은 말을 쓰세요.

　　　　　　은/는 일기 예보를 제공하여 사람들이 안전하고 편리하게 생활할 수 있도록 돕는다.

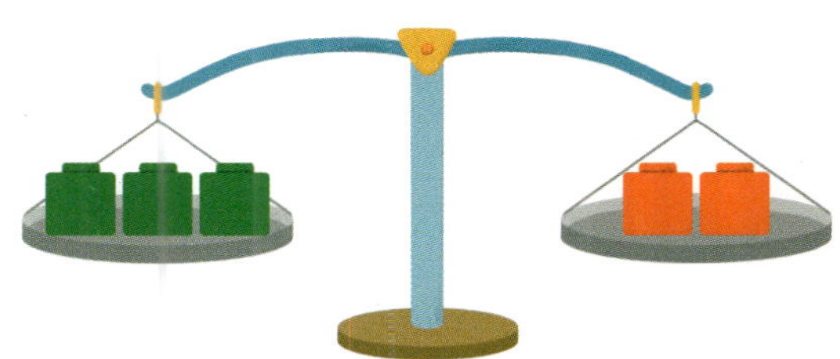

유나가 양팔저울로 블록의 무게를 〔 ㉡ 〕 보려고 합니다. 블록은 무게에 따라 색이 다르고, 같은 색끼리는 그 무게가 같다고 합니다. 초록색 블록 한 개가 10 g일 때, 빨간색 블록 한 개의 무게는 몇 g일까요?

6 ㉡에 들어갈 수 있는 낱말이 <u>아닌</u> 것은 무엇인가요? (　　　　)

① 재　　　　　② 달아　　　　　③ 접어　　　　　④ 측정해

7 괄호 안에 들어갈 알맞은 낱말에 ○표를 해서 문장을 완성해 보세요.

> 양팔저울은 (양쪽 | 한쪽)에 각각 한 개씩 접시가 달려 있는 저울로, 접시 위에 물체를 올려놓고 무게를 (만드는 | 측정하는) 도구이다.

8 빨간색 블록 한 개의 무게는 몇 g인지 구해 보세요.

❶ 두 블록의 관계를 등호(=)를 사용하여 식으로 바르게 나타낸 것은 무엇인가요? (　　　　)

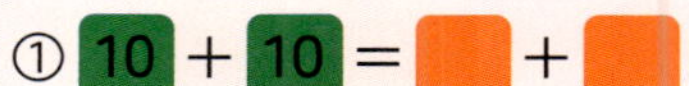　　　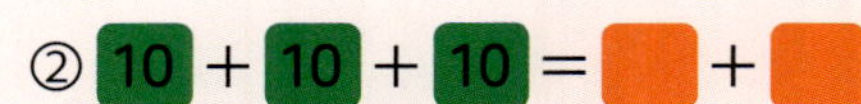

❷ 빨간색 블록 한 개의 무게는 몇 g일까요? (　　　　)

① 10 g　　　　　② 15 g　　　　　③ 30 g

부족하다

사회	국어
자원의 양이 **부족합니다**.	텀블러, 하나로는 **부족할까요**?

'부족하다'는 필요한 양이나 기준에 모자라거나 넉넉하지 않을 때 쓰는 표현이야.

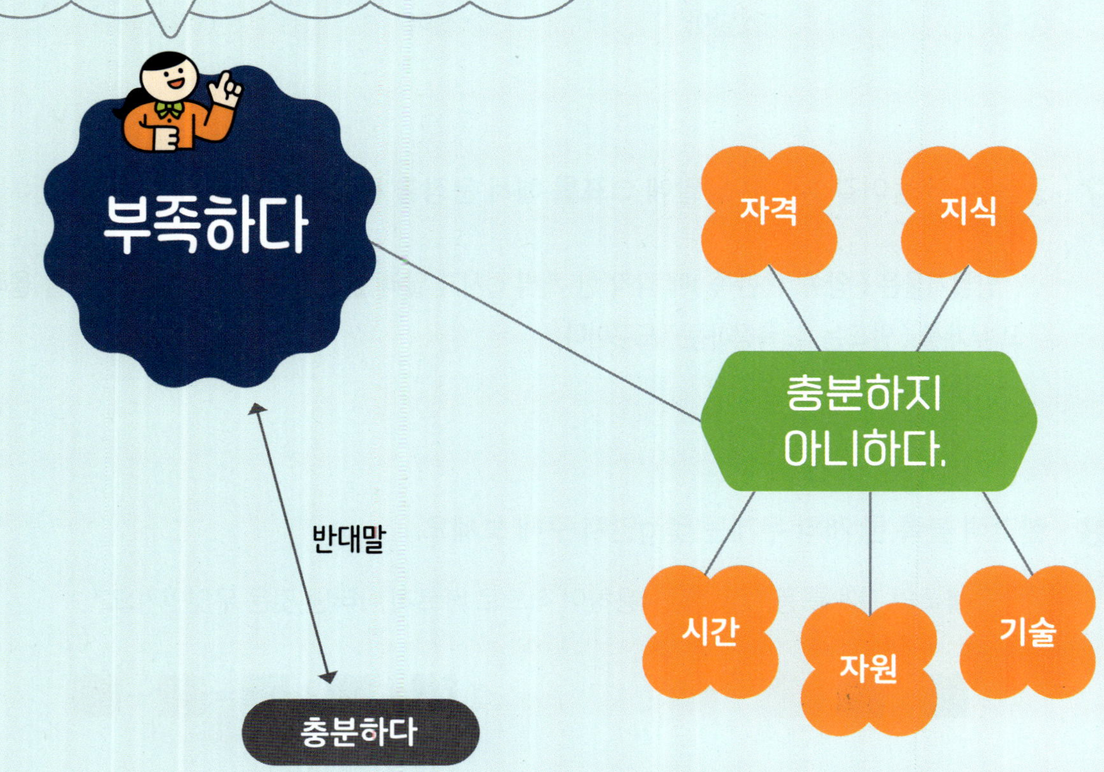

 서술어를 익혀요

부족하다 　不 아닐 **부** 　足 넉넉할 **족**

> 필요한 양이나 기준에 미치지 못해 충분하지 아니하다.
>
> (반대말) 충분하다
> (뜻) 모자람이 없이 넉넉하다.
> (예) 지금 받는 용돈이면 충분하다.

숙제를 하는 데 시간이 **부족해**.

그 나라는 강수량이 적어 식수가 **부족하다**.

✏️ 연습하기

1 밑줄 그은 낱말의 뜻으로 알맞은 것은 무엇인가요? 　(✐ 　)

> 우리 지역은 농사를 짓는 땅이 별로 없어서 곡식이나 채소가 <u>부족하다</u>.

① 따로 떼어 내어 한곳에서 헤아리지 아니하다.

② 필요한 양이나 기준에 미치지 못해 충분하지 아니하다.

2 밑줄 그은 낱말과 뜻이 반대인 낱말은 무엇인가요? 　(✐ 　)

> 시내에는 주차를 할 수 있는 공간이 <u>부족하다</u>.

① 중요하다 　　② 충분하다 　　③ 쾌적하다 　　④ 평범하다

3 빈칸에 들어갈 알맞은 낱말을 골라 선으로 이으세요.

1 민하는 책임감이 강해서 학생회장이 될 자격이 ☐☐☐.	**ㄱ** 부족하다
2 준서는 어제 늦은 시간까지 텔레비전을 보아서 잠이 ☐☐☐.	**ㄴ** 충분하다

✏️ 교과서에서 '**부족하다**'가 어떻게 쓰이는지 살펴보고, 문제를 풀어 보세요.

사회 | 4학년 1학기 | #경제 교류

어떤 물건은 필요로 하는 사람이 많지만, 이것을 사거나 만드는 데 드는 자원은 ㉠충분하지 않습니다. 이처럼 사람들의 필요나 욕구에 비해 자원의 양이 상대적으로 **부족한** 상태를 희소성이라고 합니다. 이때 희소성은 자원이 얼마나 적은지에 따라 결정되는 것이 아니라, 사람들이 그것을 얼마나 원하는지에 따라 달라집니다. 즉 ㉡어떤 자원의 양이 **부족해도**, 그것을 원하는 사람이 더 적으면 그 자원은 희소하다고 볼 수 없습니다.

4 ㉠과 바꾸어 쓸 수 있는 말로 알맞은 것은 무엇인가요? ( )

① 부족합니다
② 필요합니다
③ 부족하지 않습니다
④ 필요하지 않습니다

5 ㉡에 해당하는 상황을 바르게 설명한 학생은 누구인가요? ( )

① 소윤: 다이아몬드는 많지 않은데, 그것을 원하는 사람은 더 많아.
② 승우: 추운 지역에는 에어컨의 수가 부족한데, 그것을 원하는 사람은 더 적어.
③ 하진: 동네 빵집에서 식빵을 하루에 10개만 만드는데, 그것을 사려는 사람은 더 많아.

6 이 글의 핵심 내용을 파악하여 빈칸에 들어갈 알맞은 말을 쓰세요.

□□□ 은/는 사람들의 필요에 비해 자원의 양이 상대적으로 □□ 한 상태를 가리키는 말입니다.

환경을 보호하기 위해 텀블러, 에코 백 등과 같은 다회용 제품을 사용하는 사람들이 많아졌습니다. 그런데 다회용 제품을 쓴다고 해서 무조건 환경을 보호하는 것은 아닙니다. 다회용 제품을 만들고 폐기하는 과정에서도 온실가스가 발생하기 때문입니다. 따라서 한 번 구입한 다회용 제품을 꾸준히 사용하는 것이 중요합니다. ㉢텀블러, 하나로는 **부족할까요**? 하나면 충분합니다.

7 글쓴이가 ㉢과 같이 이야기한 까닭은 무엇인가요? (✎)

① 텀블러가 하나로는 충분하지 않기 때문이다.
② 텀블러가 하나면 모자람이 없이 넉넉하기 때문이다.

8 보기 를 참고하여 다음 문장을 보고 사실과 의견을 구분하여 선으로 이으세요.

> 보기   사실은 현재 있는 일이나 있었던 일로, 참과 거짓을 판단할 수 있습니다. 의견은 어떤 사실이나 대상에 대한 생각입니다.

1 환경 보호를 위해 다회용 제품을 사용하는 사람이 많아졌다. •

• ㄱ 사실

2 다회용 제품을 만들고 폐기하는 과정에서 온실가스가 발생한다. •

• ㄴ 의견

3 환경을 보호하기 위해 한번 구입한 다회용 제품을 꾸준히 사용하자. •

15 일차

생산하다

사회

자원을 이용해 생활에
필요한 것을 **생산합니다**.

과학

땅속의 열을 이용하여
전기를 **생산합니다**.

'생산하다'는 인간이 생활하는 데 필요한 물건을
만든다고 할 때 쓰는 표현이야.

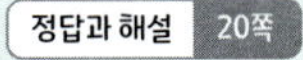

생산하다 生 만들 생 産 생산할 산

인간이 생활하는 데 필요한 각종 물건을 만들어 내다.

(반대말) 소비하다
(뜻) 돈이나 물자, 시간, 노력 등을 들이거나 써서 없애다.
(예) 에어컨은 에너지를 많이 소비한다.

목장에서는 우유를 **생산한다**.

그 공장에서는 자동차를 **생산한다**.

✏️ 연습하기

1 밑줄 그은 낱말의 뜻에 맞는 말을 괄호 안에서 골라 ○표를 하세요.

기업에서는 여러 기술을 활용하여 스마트폰을 생산한다.

→ (뜻) 인간이 (말하는 | 생활하는) 데 필요한 각종 (물건 | 생각)을 만들어 내다.

2 밑줄 그은 낱말과 바꾸어 쓸 수 있는 낱말을 상자 속 글자 카드를 이용하여 쓰세요.

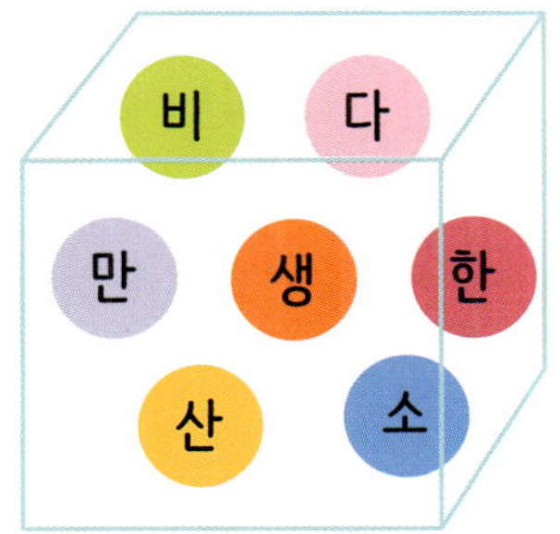

지역마다 자연환경이나 기술 등이 다르다. 우리 지역은 자동차를 만드는 기술이 뛰어나서 자동차를 많이 만든다.

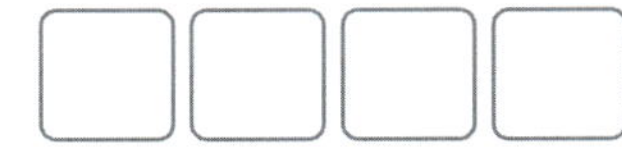

교과서를 이해해요

🖊 교과서에서 '**생산하다**'가 어떻게 쓰이는지 살펴보고, 문제를 풀어 보세요.

4학년 1학기 | #생산 활동

　생활에 필요한 물건이나 서비스를 만들어 내는 활동을 생산이라고 합니다. 사람들은 여러 가지 방법으로 생산 활동을 합니다. 산, 바다와 같은 자연에서 생활에 필요한 것을 얻습니다. 또 자연에서 얻은 생산물이나 자원으로 생활에 필요한 것을 ㉠<u>생산합니다</u>. 직접 물건을 만들지 않더라도, 물건을 팔거나 사람들을 만족시킬 수 있는 서비스를 제공하기도 합니다. 이러한 생산 활동 덕분에 우리는 다양한 소비 활동을 할 수 있습니다.

3 ㉠의 뜻으로 알맞은 것은 무엇인가요?　　　　　　　　　　　(　　　　)

① 돈이나 물자, 시간, 노력 등을 들이거나 써서 없애다.
② 인간이 생활하는 데 필요한 각종 물건을 만들어 내다.

4 생산 활동에 대한 설명이 맞으면 ○표, 틀리면 ✕표를 고르세요.

❶ 자연에서 생활에 필요한 것을 얻는 것은 생산 활동이 아니다.　○　✕
❷ 사람들을 만족시킬 수 있는 서비스를 제공하는 것은 생산 활동이다.　○　✕

5 이 글의 흐름을 다음과 같이 정리할 때, 괄호 안에 들어갈 낱말을 각각 찾아 묶으세요.

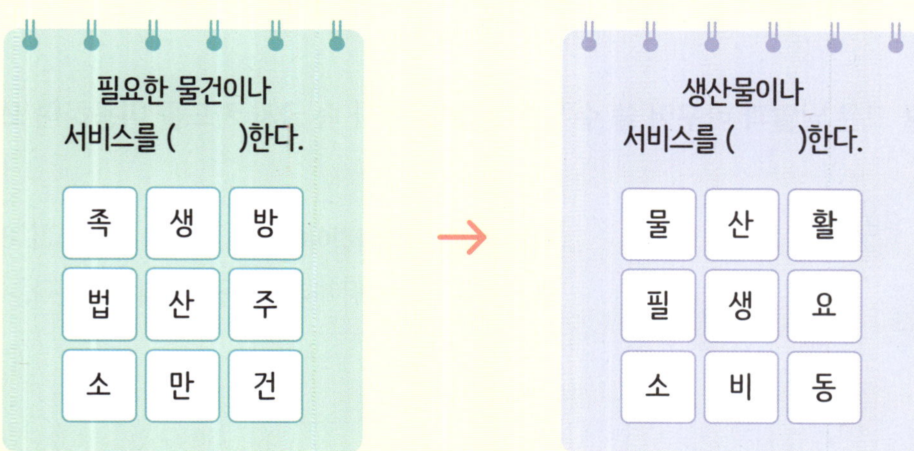

　화산 활동은 우리 생활에 피해를 주지만, 도움을 주기도 합니다. 시간이 흐른 뒤 화산재가 쌓인 땅은 양분이 많아져서 많은 곡식을 **생산할** 수 있습니다. 발전소에서는 화산 주변 땅속의 열을 이용하여 전기를 ㉡<u>생산합니다</u>. 또 화산 주변의 온천은 관광지로 활용할 수 있습니다.

▲ 온천

6 ㉡과 바꾸어 쓸 수 있는 낱말은 무엇인가요? （✎　）

① 나눕니다　　② 만듭니다　　③ 소비합니다　　④ 전달합니다

7 이 글의 핵심 내용은 무엇인가요? （✎　）

① 화산 활동의 피해
② 화산 활동의 이로움
③ 화산 활동으로 생긴 관광지

8 화산 활동으로 생긴 변화와 그 영향을 찾아 선으로 이으세요.

❶ 온천이 생긴다.	•	•	ㄱ 전기를 생산한다.
❷ 화산 주변 땅속의 온도가 높다.	•	•	ㄴ 관광지로 활용한다.
❸ 화산재가 쌓인 땅에 양분이 많아진다.	•	•	ㄷ 많은 곡식을 생산한다.

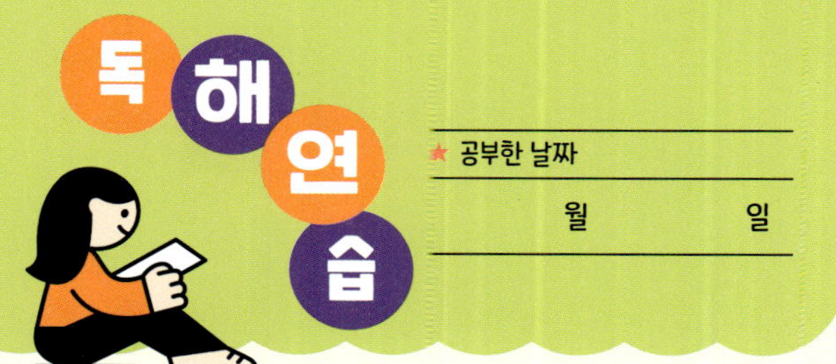

✏ 다음 서술어를 찾아 ○표를 하며 읽어 보세요.

측정하다   생산하다   발달하다
부족하다   맺히다

1 　물건에는 물건에 대한 다양한 정보가 표시되어 있습니다. 물건의 용량을 적어 두어 따로 측정하지 않아도 물건의 용량을 알 수 있기도 합니다. 또 물건을 어디에서 생산했는지 알 수 있는 생산 정보를 적어 두기도 합니다. 생산 정보를 보면 우리 지역에서 만든 물건도 있고, 다른 지역이나 나라에서 만든 물건도 있다는 것을 알 수 있습니다.

2 　지역마다 자연환경이나 기술이 다르기 때문에 생산되는 물건도 다릅니다. 들이 발달하여 논과 밭이 많은 지역은 곡식이나 채소가 풍부하지만, 해산물은 ㉠부족합니다. 반대로 바닷가 근처의 지역은 해산물은 풍부하지만 곡식이나 채소는 부족합니다. 이때 각 지역은 교류를 통해 자신의 지역에서 풍부하게 생산되는 물건을 팔고, 부족한 물건은 다른 지역에서 사 올 수 있습니다.

3 　지역 간에는 물건을 사고파는 것뿐만 아니라 기술이나 문화 및 관광 교류가 이루어지기도 합니다. 예를 들어 과일을 생산하는 지역은 기술이 발달한 지역과 교류하여 과일의 당도를 높이는 기술 등 새로운 농업 기술을 개발할 수 있습니다. 그러면 더 달콤한 열매가 맺혀 과일을 더 많이 딸 수 있습니다. 또 관광 자원이 풍부한 지역끼리 교류하여 새로운 관광 상품을 개발하기도 합니다.

4 　이처럼 각 지역은 교류하며 함께 성장하고 발전해 나갑니다. 각 지역은 생산물을 사고팔며 경제적인 이익을 얻을 수 있고, 사람들은 자신이 사는 지역에 없는 것을 사용할 수 있어 편리해집니다. 또 지역의 자연환경이나 문화유산을 찾는 사람들이 많아져 지역이 발전합니다.

공부한 서술어를 활용해 말풍선을 완성하세요.

1 이 글의 내용으로 알맞지 <u>않은</u> 것은 무엇인가요? (✐)

① 각 지역은 서로 교류하며 경제적인 이익을 얻는다.

② 각 지역은 문화나 관광 분야에서 교류를 하기도 한다.

③ 사람들은 다른 지역에서 생산된 물건을 사용하기도 한다.

④ 생산 정보를 통해 물건을 어디에서 생산했는지 알 수 있다.

⑤ 다른 지역과 교류하며 자신의 지역에서 풍부하게 생산되는 물건을 사 온다.

2 빈칸에 들어갈 내용으로 알맞은 것은 무엇인가요? (✐)

> 우리 지역에서는 토마토를 많이 생산하는데, 다른 토마토보다 더 맛이 좋은 토마토를 생산하려고 합니다. 그래서 ____________________

① 여러 지역의 문화를 체험합니다.

② 농업 기술이 발달한 지역과 교류합니다.

③ 역사와 문화가 발달한 지역과 교류합니다.

④ 해산물이 풍부한 바닷가 지역과 교류합니다.

⑤ 곡식이나 채소가 풍부한 지역과 교류합니다.

3 ㉠과 뜻이 반대되는 낱말은 무엇인가요? (✐)

① 적습니다   ② 모자랍니다   ③ 불편합니다   ④ 충분합니다

4 이 글의 핵심 내용을 파악하여 빈칸에 들어갈 알맞은 말을 쓰세요.

> 각 지역은 생산물, 기술이나 문화, 관광 자원 등을 ☐☐하며 함께 성장합니다.

이번 주 공부 끝! 자신 있게 사용할 수 있는 서술어에 V표를 하세요.

☐ 맺히다   ☐ 발달하다   ☐ 측정하다   ☐ 부족하다   ☐ 생산하다

81

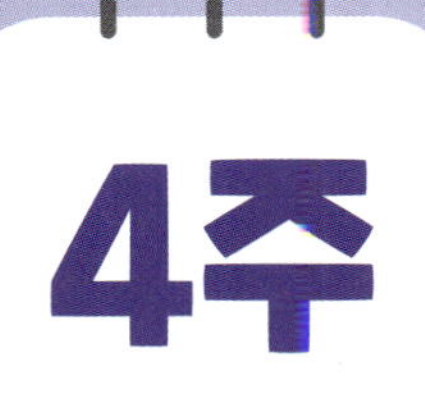

4주

이 책을 끝낸 뒤에
하고 싶은 일을 떠올리며
빈칸을 채워 봐요!

1주 2주 3주 4주

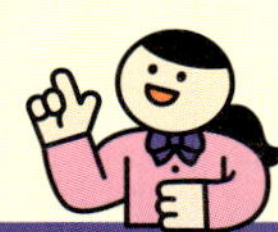

이 책을 끝냈을 때

큰 소리로 ______ (이)라고 말하기

______ 초 동안 신나게 춤추기

만약 열심히 공부했다면

내가 좋아하는 ______ 하기

간식으로 ______ 먹기

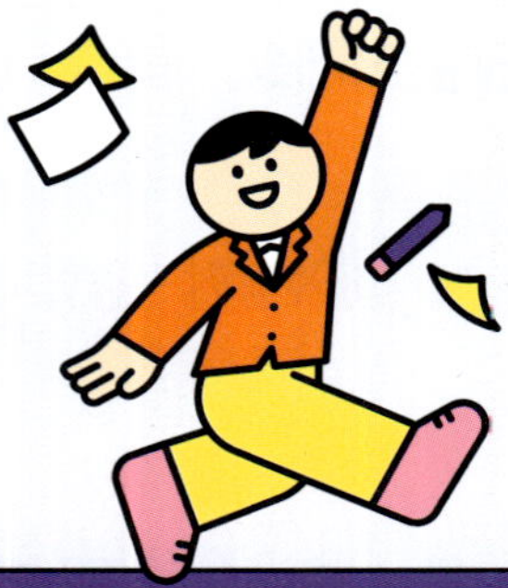

이 책을 마치면 정말 신나겠죠?
마지막 주 공부를 시작해 볼까요?

이번 주에는 무엇을 배울까요?

일차	서술어	과목	쪽수
16일	끊기다	국어, 과학	84
17일	개발하다	사회, 과학	88
18일	묻히다	국어, 사회	92
19일	전시하다	국어, 사회	96
20일	훼손하다	사회, 과학	100
		독해 연습	104

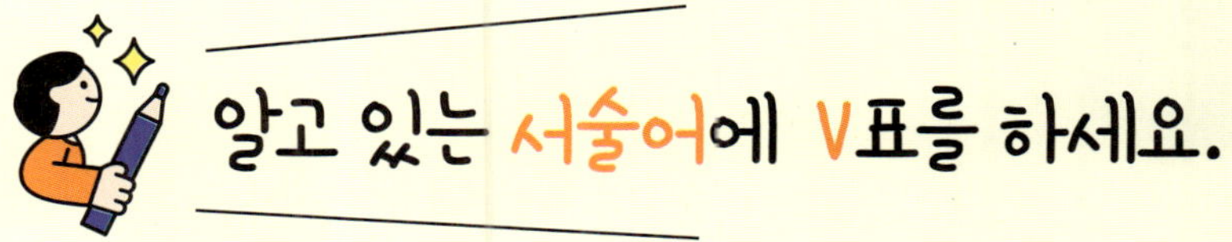

알고 있는 서술어에 V표를 하세요.

- ☐ 끊기다
- ☐ 개발하다
- ☐ 묻히다
- ☐ 전시하다
- ☐ 훼손하다

★ 공부한 날짜

월   일

끊기다

국어	과학
옛 건물은 사람의 발길이 **끊기면** 빨리 낡습니다.	땅이 갈라져 도로가 **끊겼습니다**.

'끊기다'는 관계가 이어지지 않게 된다는 표현을 할 때, 통로가 막혔다는 표현을 할 때 써. 무엇이 끊겼는지를 알면 뜻을 쉽게 구분할 수 있어.

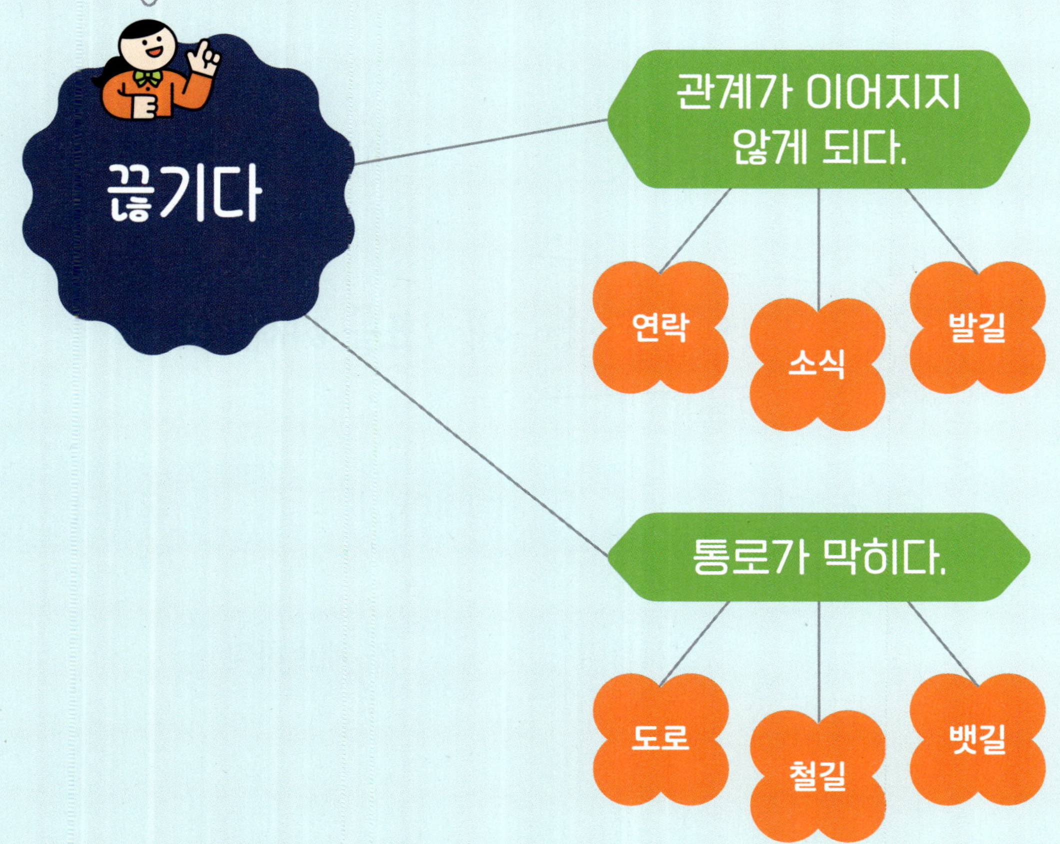

서술어를 익혀요

끊기다

❶ 관계가 이어지지 않게 되다. ┈┈┈ 그 사람과 연락이 **끊겼어**.

❷ 길 등의 통로가 막히다. ┈┈┈ 태풍으로 뱃길이 **끊겼어**.

✏ 연습하기

1 빈칸에 공통으로 들어갈 알맞은 낱말은 무엇인가요?　　　　　（　　　　）

- 태풍으로 인해 뱃길이 　　　　.
- 친구가 멀리 이사를 간 뒤 소식이 　　　　.

① 끊었습니다　　　　② 끊겼습니다　　　　③ 끟었습니다

2 밑줄 그은 낱말의 뜻으로 알맞은 것을 선으로 이으세요.

❶ 산사태로 도로가 <u>끊겼습니다</u>.

❷ 시장은 밤이 되자 사람들의 발길이 <u>끊겼습니다</u>.

❸ 할아버지는 전쟁 때 가족과 연락이 <u>끊겼습니다</u>.

ㄱ 길 등의 통로가 막히다.

ㄴ 관계가 이어지지 않게 되다.

✎ 교과서에서 '끊기다'가 어떻게 쓰이는지 살펴보고, 문제를 풀어 보세요.

국어 4학년 1학기 | #문화재 보호 #의견 파악하기

우리나라 문화재 중에는 나무로 만든 건물이 많습니다. 이러한 문화재를 보호하려면 어떻게 해야 할까요? 나무로 만든 옛 건물은 쉽게 오염되거나 불에 타기 쉬우므로 사람들이 사용하지 않아야 한다는 의견이 있습니다. 하지만 사람들의 발길과 손길이 ㉠끊기면 나무로 만든 건물이 더 빨리 낡기 때문에 사람들이 사용하면서 보호해야 합니다.

3 ㉠의 뜻으로 알맞은 것은 무엇인가요? (✎)

① 길 등의 통로가 막히다.
② 관계가 이어지지 않게 되다.

4 글쓴이의 의견을 다음과 같이 정리할 때, 빈칸에 이어질 내용은 무엇인가요?(✎)

나무로 만든 옛 건물을 사람들이 계속 사용해야 합니다. 왜냐하면 [ ]

① 나무로 만든 옛 건물은 쉽게 오염되기 때문입니다.
② 나무로 만든 옛 건물은 불에 탈 위험이 있기 때문입니다.
③ 나무로 만든 옛 건물은 사람들의 발길이 끊기면 더 빨리 낡기 때문입니다.

5 괄호 안에 들어갈 알맞은 낱말을 골라 ○표를 하세요.

❶ 그 남자는 서울로 온 뒤 고향에 발길을 (끊겼다 | 끊었다).
❷ 감염병이 유행하면서 관광지에 관광객의 발길이 (끊겼다 | 끊었다).

과학 4학년 1학기 | #지진

　지진은 우리 생활에 어떤 영향을 미칠까요? 지진이 발생하면 가구가 쓰러지거나 물건이 떨어지면서 사람이 다칠 수 있습니다. 때로는 건물이 무너지기도 합니다. 또 땅이 갈라져 도로가 **끊길** 수도 있습니다. 도로가 ⓛ 사람들이 이동할 수 없어 큰 어려움을 겪게 됩니다.

6 ⓛ에 들어갈 수 <u>없는</u> 말은 무엇인가요?　　　　　　　　　(　　　　)

① 끊기면　　　　　　　② 끊으면　　　　　　　③ 끊어지면

7 이 글의 핵심 내용을 파악하여 빈칸에 들어갈 알맞은 말을 쓰세요.

　　☐☐ 이/가 우리 생활에 미치는 다양한 ☐☐

8 '끊기다'에는 보기 와 같이 여러 가지 뜻이 있습니다. 각 문장에서 밑줄 그은 낱말이 어떤 뜻으로 사용되었는지 찾아 그 기호를 쓰세요.

> **보기**　　**끊기다**
>
> ㉠ 길 등의 통로가 막히다.
> ㉡ 공급되던 것이 중단되다.
> ㉢ 탈것이 자연재해로 인하여 운행을 하지 않다.

❶ 지진의 영향으로 버스가 <u>끊겼다</u>. (　　　　)
❷ 지진의 영향으로 철길이 <u>끊겼다</u>. (　　　　)
❸ 지진의 영향으로 전기가 <u>끊겼다</u>. (　　　　)

★ 공부한 날짜
월 일

개발하다

사회	과학
경치가 좋은 곳을 관광지로 **개발합니다**.	새로운 기술을 **개발했습니다**.

'개발하다'는 토지나 천연자원을 유용하게 만든다는 표현을 할 때, 새로운 물건이나 생각을 내어놓는다는 표현을 할 때 써.

개발하다

토지나 천연자원 등을 유용하게 만들다.

관광지　광산

새로운 물건을 만들거나 새로운 생각을 내어놓다.

기술　제품

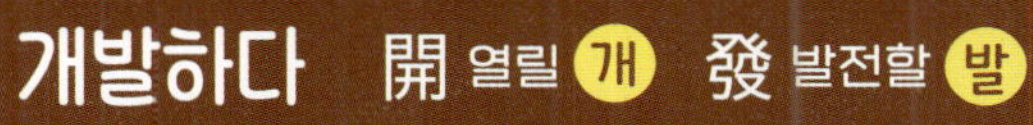

개발하다 開 열릴 **개** 發 발전할 **발**

① 토지나 천연자원 등을 유용하게 만들다.

→ 우리 지역은 풍부한 산림 자원을 **개발하고** 있다.

② 새로운 물건을 만들거나 새로운 생각을 내어놓다.

→ 그 회사에서는 이번에 신제품을 **개발했다**.

✏ 연습하기

1 밑줄 그은 말과 바꾸어 쓸 수 있는 낱말을 상자 속 글자 카드를 이용하여 쓰세요.

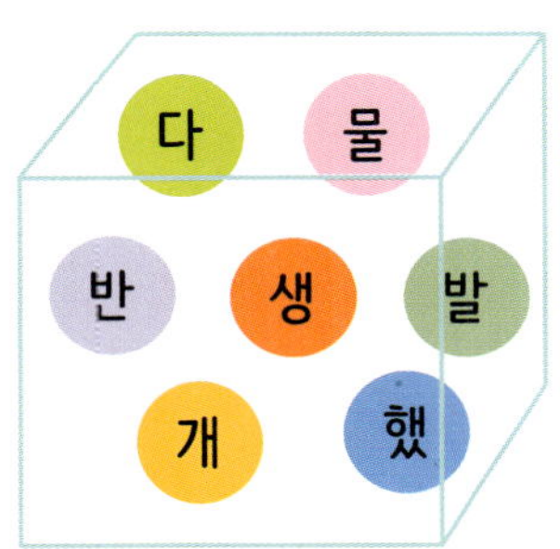

친환경 에너지를 생산하는 기술을 <u>새롭게 만들었다</u>.

☐ ☐ ☐ ☐

2 밑줄 그은 낱말의 뜻으로 알맞은 것을 선으로 이으세요.

① 바다 속 천연자원을 <u>개발하</u>려고 한다.

② 그 식당에서 새로운 메뉴를 <u>개발했다</u>.

③ 아파트를 짓기 위해 토지를 <u>개발하려고</u> 한다.

ㄱ 토지나 천연자원 등을 유용하게 만들다.

ㄴ 새로운 물건을 만들거나 새로운 생각을 내어놓다.

✏ 교과서에서 '**개발하다**'가 어떻게 쓰이는지 살펴보고, 문제를 풀어 보세요.

각 지역은 자연환경이나 기술, 자원 등이 달라 생산하는 상품이 다릅니다. 자연환경이 발달한 지역에서는 ㉠경치가 좋은 곳을 관광지로 **개발합니다**. 한편 연구 단지가 있어 인적 자원이 풍부한 지역도 있습니다. 이런 지역에서는 각 분야에 필요한 새로운 ㉡**기술을 개발하기도** 합니다. 또 석회석이 풍부한 지역에서는 시멘트를 생산하기도 하고, 기후가 따뜻한 지역에서는 감귤을 많이 재배하기도 합니다.

3 '개발하다'의 뜻을 다음과 같이 정리할 때, ㉠과 ㉡은 각각 어떤 뜻의 예에 해당하는지 찾아 그 기호를 쓰세요.

> **개발하다**
>
> ❶ 토지나 천연자원 등을 유용하게 만들다.
>   예 (✏   )
> ❷ 새로운 물건을 만들거나 새로운 생각을 내어놓다.
>   예 (✏   )

4 괄호 안에 들어갈 알맞은 낱말을 골라 ○표를 하세요.

❶ 기후가 따뜻한 지역에서는 감귤을 (개발합니다 | 재배합니다).
❷ 석회석이 풍부한 지역에서는 시멘트를 (개발합니다 | 생산합니다).

5 이 글의 핵심 내용은 무엇인가요?   (✏   )

① 자연환경이 발달한 지역에서는 관광지를 개발합니다.
② 각 지역은 자연환경이나 기술, 자원 등이 달라 생산하는 상품이 다릅니다.

4학년 1학기 | #유글레나 #원생생물

원생생물은 하나의 세포로 이루어진 생물입니다. 유글레나는 연못에서 흔히 발견되는 원생생물로, 버스나 비행기에서 친환경 연료로 사용할 수 있는 물질이 포함되어 있습니다. 우리나라 과학자는 음식점이나 가축 농장에서 나오는 폐수로 유글레나를 길러 친환경 연료를 생산하는 기술을 ㉢개발했습니다.

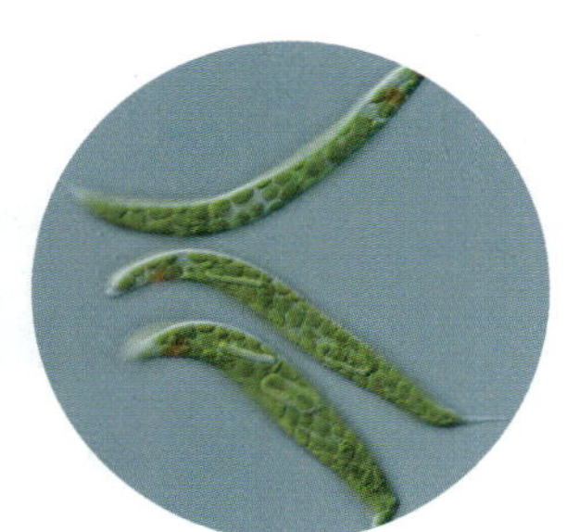

▲ 확대한 유글레나

6 ㉢과 같은 뜻으로 쓰인 낱말이 **아닌** 것은 무엇인가요? (✎)

① 산을 무분별하게 개발하면 자연이 파괴됩니다.

② 달을 관광할 수 있는 우주 비행선을 개발하고 있습니다.

③ 연구소에서는 암을 치료하는 새로운 치료제를 개발했습니다.

④ 많은 농산물을 수확하려고 새로운 농사 기술을 개발했습니다.

7 다음 대화의 빈칸에 들어갈 말로 알맞은 것은 무엇인가요? (✎)

> 해준: 유글레나를 길러서 친환경 연료를 생산하는 기술을 개발했대.
>
> 시아: 왜 그 기술을 개발하게 된 거야?
>
> 해준: 왜냐하면 [ ]

① 유글레나는 폐수 속에서 발견되는 생물이기 때문이야.

② 유글레나는 하나의 세포로 이루어진 생물이기 때문이야.

③ 유글레나에 친환경 연료로 사용할 수 있는 물질이 있기 때문이야.

18
일차

★ 공부한 날짜
월 일

묻히다

국어

붓에 물감을
묻히다.

사회

이 무덤에는 옛날 왕이
묻혔습니다.

'붓에 물감을 묻히다.'와 '무덤에 왕이 묻히다.'에서 '묻히다'는 **글자의 형태만 같고 뜻이 서로 전혀 다른 낱말**이야.

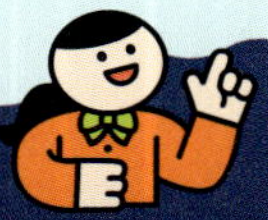

묻히다

- 가루, 풀, 물 등을 다른 물체에 들러붙게 하거나 흔적을 남기다.
  - 물
  - 흙
  - 물감
- 물건이 흙이나 다른 물건 속에 넣어져 덮이다.
  - 자원
  - 유물

 **서술어를 익혀요**

묻히다	묻히다
가루, 풀, 물 등을 그보다 큰 다른 물체에 들러붙게 하거나 흔적을 남기다.	물건이 흙이나 다른 물건 속에 넣어져 보이지 않게 덮이다.
(비슷한말) 바르다	(비슷한말) 파묻히다
(예) 식빵에 버터를 <u>발랐</u>다.	(예) 발이 눈 속에 <u>파묻혀</u> 걷기가 힘들었다.
손에 물을 **묻혔어**.	땅속에 유물이 **묻혀** 있었다.

✏ 연습하기

1 밑줄 그은 낱말의 뜻에 맞는 말을 괄호 안에서 골라 ○표 하세요.

❶ 이 광산에는 석탄이 <u>묻혀</u> 있다.

→ 뜻 물건이 (물 ㅣ 흙)이나 다른 물건 속에 넣어져 (보이게 ㅣ 보이지 않게) 덮이다.

❷ 붓에 먹물을 <u>묻혀서</u> 글씨를 쓴다.

→ 뜻 가루, 풀, 물 등을 그보다 (큰 ㅣ 작은) 다른 물체에 들러붙게 하거나 흔적을 (남기다 ㅣ 없애다).

2 밑줄 그은 낱말의 뜻이 같은 것끼리 선으로 이으세요.

❶ 갯벌에 조개가 <u>묻혀</u> 있다. •

❷ 놀이터에서 놀다가 옷에 흙을 <u>묻혔</u>다. •

• ㄱ 수세미에 세제를 <u>묻혀서</u> 그릇을 닦았다.

• ㄴ 산사태가 일어나 집이 흙더미에 <u>묻혔</u>다.

✏ 교과서에서 '묻히다'가 어떻게 쓰이는지 살펴보고, 문제를 풀어 보세요.

국어   4학년 1학기 | #낱말의 발음

'해돋이를 가족과 같이 봤다.'라는 문장에서 '해돋이'는 [해도지]로, '같이'는 [가치]로 소리 납니다. 받침 'ㄷ', 'ㅌ' 뒤에 모음 'ㅣ'가 오면 각각 [ㅈ], [ㅊ]으로 바뀌어 소리 나기 때문입니다. 또 받침 'ㄷ' 뒤에 '히'가 오면 [ㅊ]으로 바뀌어 소리 납니다. 예를 들어 '붓에 물감을 ㉠묻히다.'라는 문장에서 '묻히다'는 [무치다]로 소리가 납니다.

3 ㉠의 뜻으로 알맞은 것은 무엇인가요?   (✏   )

① 물건이 흙이나 다른 물건 속에 넣어져 보이지 않게 덮이다.

② 가루, 풀, 물 등을 그보다 큰 다른 물체에 들러붙게 하거나 흔적을 남기다.

4 빈칸에 들어갈 알맞은 말을 쓰세요.

'묻히다'처럼 받침 '☐' 뒤에 '☐'이/가 오면 [ㅊ]으로 바뀌어 [☐☐☐] (으)로 소리가 납니다.

5 다음 중 낱말을 잘못 읽은 것은 무엇인가요?   (✏   )

① 맏이: [마지]   ② 붙이다: [부지다]

③ 굳히다: [구치다]   ④ 닫히다: [다치다]

각 지역에는 그곳을 대표하는 유적지가 있습니다. 충청남도 공주에는 옛날에 만들어진 무덤인 무령왕릉이 있습니다. 이 무덤에는 옛날 왕이 ㉡<u>무쳤습니다</u>. 또한 많은 유물도 함께 ㉢<u>묻혀</u> 있었습니다. 무덤에서 발견된 이 유물들은 소중한 국가유산으로 보호받고 있습니다.

▲ 무령왕릉

6 ㉡을 맞춤법에 맞게 바르게 고쳐 쓰세요.

7 밑줄 그은 말이 ㉢과 뜻이 같은 것은 무엇인가요? (   )

① 도넛의 겉면에 설탕을 묻혀 주었습니다.
② 면봉에 연고를 묻혀 상처에 발라 줍니다.
③ 그곳에는 아직도 많은 천연자원이 묻혀 있습니다.
④ 얼룩이 생기면 스펀지에 세제를 묻혀 닦아 냅니다.

8 무령왕릉에 대한 설명으로 알맞지 <u>않은</u> 것은 무엇인가요? (   )

① 공주를 대표하는 유적지 가운데 하나이다.
② 이곳에서 발견된 유물은 국가유산으로 보호받고 있다.
③ 옛날 사람들이 물건을 보관하는 창고로 사용하던 곳이다.

전시하다

국어
자료를 정리하여
전시합니다.

사회
박물관에서는 국가유산을
연구하고 **전시합니다**.

'전시하다'는 여러 물품을 한곳에 벌여 놓고 보게
한다는 표현을 할 때 써. 이때 무엇을 전시하는지를
함께 확인해야 해.

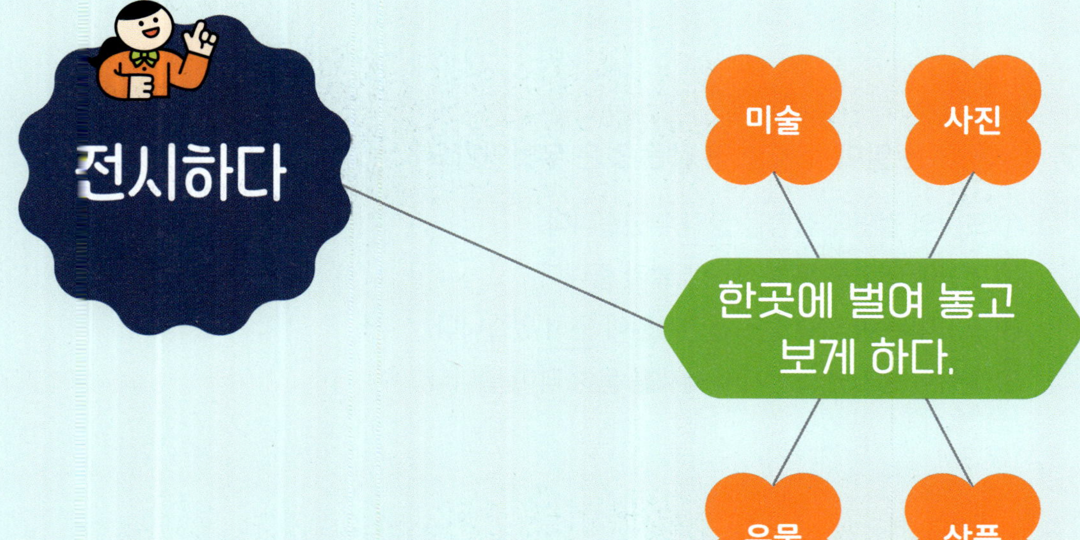

서술어를 익혀요

전시하다　　展 펼 **전**　示 보일 **시**

여러 가지 물품을 한곳에 벌여 놓고 보게 하다.

> 우리가 만든 인형을 학교 복도에 **전시했다**.

> 유명 작가의 작품을 미술관에서 **전시하고** 있다.

여러 물품을 한곳에 벌여 놓고 보게 하는 모임을 '전시회'라고 해.

✏ 연습하기

1 밑줄 그은 낱말의 뜻에 맞는 말을 괄호 안에서 골라 ◯표를 하세요.

이번 주부터 미술관에서 판화를 <u>전시한다</u>.

→ 뜻 (한 | 여러) 가지 물품을 (한곳 | 여러 곳)에 벌여 놓고 (보게 | 설명하게) 하다.

2 빈칸에 어울리지 <u>않는</u> 낱말은 무엇인가요?　　(　　)

전시관에 [　　　　]을/를 전시했습니다.

① 그림　　　② 사진　　　③ 생각　　　④ 조각상

3 빈칸에 '전시하다'를 쓸 수 <u>없는</u> 문장의 기호를 쓰세요.　　(　　)

㉠ 박람회에서 최근에 개발된 신제품을 [　　　　].
㉡ 도자기 축제에서 다양한 형태의 도자기를 [　　　　].
㉢ 속옷과 손수건은 잘 개어 종류별로 서랍에 [　　　　].
㉣ 학교 강당에서는 발명품 경진 대회의 수상작을 [　　　　].

✏ 교과서에서 '**전시하다**'가 어떻게 쓰이는지 살펴보고, 문제를 풀어 보세요.

국어 | 4학년 1학기 | #매체 활용

　　정우는 모둠 친구들과 함께 과학의 날을 맞아 달을 주제로 전시 공간을 꾸몄습니다. 우선 인터넷에서 달에 대한 자료를 찾아 안내판을 만들었습니다. 이때 달과 관련된 여러 누리집을 참고하여 다양하고 흥미로운 내용을 찾았고, 전시 목적에 맞지 않거나 잘못된 내용의 자료가 포함되지 않도록 확인했습니다. 또 전시 공간에 달과 관련된 모형과 사진을 ㉠**전시했습니다**. 한쪽에는 학생들이 직접 참여할 수 있도록 달에 대한 퀴즈와 그림 퍼즐도 준비했습니다.

4 ㉠의 뜻으로 알맞은 것은 무엇인가요?　　　　　　　　（　✏　）

① 사물이나 현상을 주의하여 자세히 살펴보다.

② 여러 가지 물품을 한곳에 벌여 놓고 보게 하다.

③ 새로운 물건을 만들거나 새로운 생각을 내어놓다.

5 정우네 모둠의 전시 공간에서 보기 어려운 것은 무엇인가요?　　　　　　　　（　✏　）

① 달에 대해 알기 쉽게 설명한 안내판

② 한 달 동안 달라지는 달의 모습을 담은 사진

③ 달의 실제 모습과 비슷하게 만들어 놓은 달 모형

④ 달처럼 동그랗게 생긴 바다거북의 알을 찍은 사진

6 정우가 인터넷에서 자료를 찾은 방법이 아닌 것은 무엇인가요?　　　　　　　　（　✏　）

① 찾은 자료의 내용 중 잘못된 것이 없는지 확인하였다.

② 전시 목적보다는 흥미로운 내용 위주로 자료를 정리하였다.

③ 여러 누리집을 참고하여 주제에 대한 다양한 자료를 찾았다.

　박물관에서는 옛날 사람들이 만들거나 사용했던 여러 국가유산을 연구하거나 ⓛ전시합니다. 국립 중앙 박물관처럼 여러 종류의 국가유산을 **전시하는** 곳도 있고, 고려청자 박물관처럼 한 종류의 국가유산을 **전시하는** 곳도 있습니다. 기념관은 의미 있는 일이나 훌륭한 인물 등을 오래 기억하려고 세운 곳입니다. 율곡 기념관에서는 율곡 이이에 대해 알 수 있는 여러 유물을 ⓒ한곳에 벌여 놓고 보게 합니다.

7 ⓛ의 쓰임으로 알맞지 <u>않은</u> 것은 무엇인가요? 　　　(　　)

① 각 지역의 아름다운 풍경을 담은 사진을 전시하고 있다.
② 안동에서는 사람들이 직접 보여 주는 탈춤놀이를 전시한다.
③ 국립 제주 박물관에서는 제주도의 역사가 담긴 유물을 전시한다.

8 ⓒ과 바꾸어 쓸 수 있는 낱말을 상자 속 글자 카드를 이용하여 쓰세요.

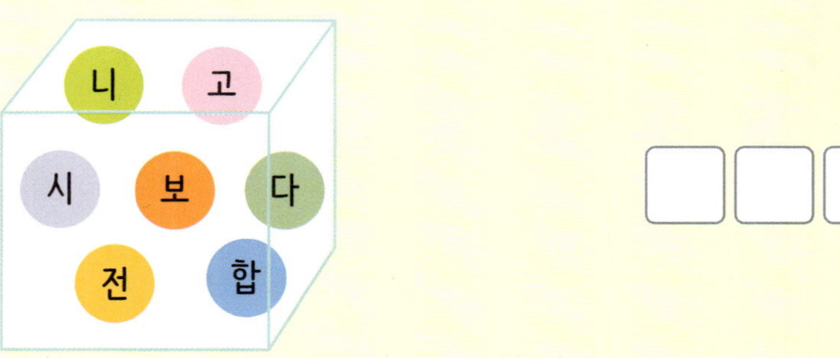

9 박물관과 기념관에 대한 설명으로 알맞은 것은 무엇인가요? 　　　(　　)

① 박물관은 한 가지 종류의 국가유산만 전시한다.
② 기념관은 인물에 대한 여러 유물을 모아서 보여 준다.
③ 박물관은 의미 있는 일을 오래 기억하려고 세운 곳이다.

★ 공부한 날짜
월   일

훼손하다

사회

낙서를 하는 행동은
국가유산을 **훼손합니다**.

과학

야외 활동을 할 때는
자연을 **훼손하지** 않습니다.

‘훼손하다’는 **헐거나 깨뜨려 못 쓰게 만들 때** 쓰는
표현이야. 무엇을 훼손하였는지 확인해야 해.

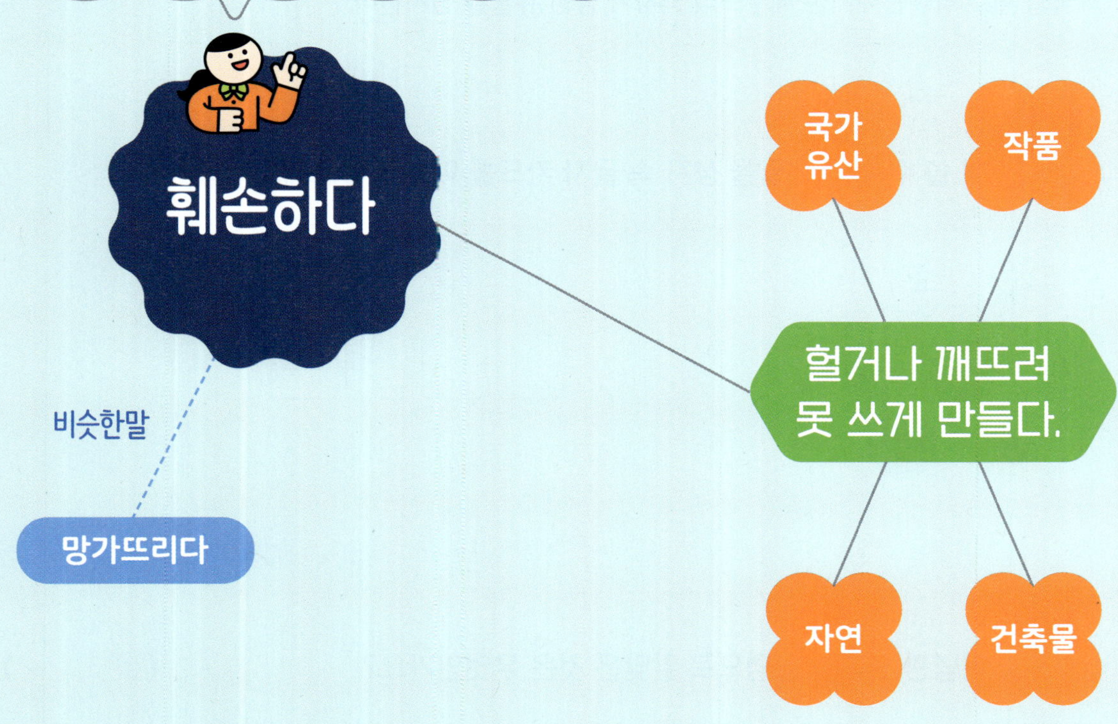

서술어를 익혀요

훼손하다　　毁 부술 훼　損 잃을 손

헐거나 깨뜨려 못 쓰게 만들다.

(비슷한말) 망가뜨리다
(예) 배추밭을 짓밟아 <u>망가뜨렸어</u>.

나무를 많이 베어서 자연을 **훼손했어**.

유적지에서 함부로 행동하면 유적지를 **훼손할** 수 있어.

'자연이 많이 훼손되었어.'와 같이 '훼손되다'의 형태로도 많이 쓰여.

✏ 연습하기

1 밑줄 그은 말과 바꾸어 쓸 수 있는 낱말을 상자 속 글자 카드를 이용하여 쓰세요.

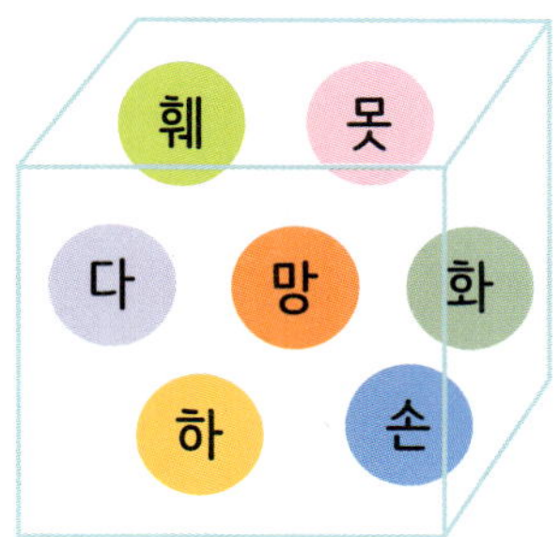

산업 쓰레기가 자연환경을 <u>못 쓰게 만들다</u>.

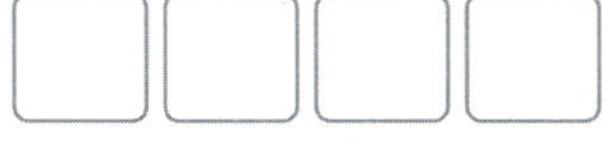

2 다음 중 낱말의 의미가 나머지와 <u>다른</u> 하나는 무엇인가요?　　（✎　　）

① 관리하다　　　② 파손하다　　　③ 훼손하다　　　④ 망가뜨리다

3 빈칸에 '훼손하다'를 넣을 수 <u>없는</u> 문장의 기호를 쓰세요.　　（✎　　）

㉠ 무분별한 개발은 산림 자원을 ＿＿＿＿＿.
㉡ 꽃을 함부로 꺾는 행동은 자연을 ＿＿＿＿＿.
㉢ 야생 동물이 마을로 내려와 텃밭을 ＿＿＿＿＿.
㉣ 쓰레기를 주우며 자연을 보호하는 일에 ＿＿＿＿＿.

✏ 교과서에서 '**훼손하다**'가 어떻게 쓰이는지 살펴보고, 문제를 풀어 보세요.

사회　4학년 1학기 ｜ #지역의 역사 보존

　지역의 역사를 보존하기 위해 우리는 다양한 노력을 할 수 있습니다. 각 지역에는 지역의 역사가 담긴 유적지가 있습니다. 유적지에 가서 함부로 쓰레기를 버리거나, 아무데나 낙서를 하는 등의 행동은 소중한 국가유산을 ㉠**훼손합니다**. 국가유산이 **훼손되지** 않도록 지역 주민들이 이를 보호하는 활동에 적극적으로 참여할 수 있습니다. 또한 축제를 열어 그 지역의 국가유산을 널리 알릴 수도 있습니다.

4 ㉠의 뜻으로 알맞은 것은 무엇인가요? 　(✏ 　　)

① 헐거나 깨뜨려 못 쓰게 만들다.
② 토지나 천연자원 따위를 유용하게 만들다.
③ 어떤 사람이나 장소를 찾아가서 만나거나 보다.

5 지역의 역사를 보존하는 일이 아닌 것은 무엇인가요? 　(✏ 　　)

① 축제를 열어 지역의 역사와 가치를 소개합니다.
② 지역의 국가유산이 널리 알려지지 않도록 보호합니다.
③ 지역의 국가유산을 훼손하는 행동을 하지 않도록 노력합니다.

6 이 글의 핵심 내용을 파악하여 빈칸에 들어갈 알맞은 말을 쓰세요.

지역의 [ ][ ] 을/를 보존하기 위해 다양한 [ ][ ] 을/를 할 수 있습니다.

동물이나 식물을 탐구하려고 야외 활동을 할 때, 기억해야 할 점들이 있습니다. 우선 활동 장소를 벗어나 혼자 다니지 않고, 야외에서 찾은 식물은 절대로 먹지 말아야 합니다. 또한 자연을 ⓒ<u>훼손하지</u> 않고 생명을 존중해야 합니다. 동물과 식물은 함부로 만지지 않고, 탐구에 필요한 만큼만 채집합니다.

7 ⓒ과 바꾸어 쓸 수 있는 말은 무엇인가요? (✎)

① 오염시키고 ② 보호하지 않고 ③ 망가뜨리지 않고

8 이 글의 제목으로 알맞은 것은 무엇인가요? (✎)

① 동물과 식물의 생활과 특징
② 야외에서 탐구할 때 지켜야 할 행동
③ 자연을 보호하기 위해 우리가 해야 할 일

9 이 글의 내용으로 알맞지 <u>않은</u> 것은 무엇인가요? (✎)

① 야외에서 찾은 버섯이나 식물을 절대 먹지 않습니다.
② 야외에서 만나는 동물과 식물을 함부로 만지지 않습니다.
③ 정해진 활동 장소에서 벗어나 넓은 곳에서 야외 활동을 합니다.

✏ 다음 서술어를 찾아 ○표를 하며 읽어 보세요.

끊기다	훼손하다	개발하다
전시하다	묻히다	

1   적정 기술은 그 기술을 사용하는 지역의 상황에 맞게 만들어 계속해서 사용할 수 있게 만든 기술입니다. 주로 개발이 덜 이루어진 지역에서 필요한데, 도움의 손길이 ㉠끊겨도 적정 기술을 활용하여 부족하고 불편한 부분을 스스로 보완할 수 있기 때문입니다. 전문가들은 자연을 함부로 훼손하지 않고 그 지역에서 쉽게 활용할 수 있는 다양한 적정 기술을 개발하고 있습니다. 또 적정 기술르 만든 장치를 전시하며, 적정 기술을 널리 알리기도 합니다.

2   아프리카에는 풍부한 광물 자원이 묻혀 있지만 지역에 따라 물이 더럽거나 부족하기도 하고, 전기가 들어오지 않는 곳이 많아 이를 위한 적정 기술을 활용하는 경우가 있습니다. 생명 빨대는 오염된 물을 정화하여 깨끗한 물을 마실 수 있게 하는 적정 기술입니다. 생명 빨대를 오염된 물에 넣고 물을 빨대로 빨아들이면, 빨대 안에서 물이 걸러져 깨끗해집니다.

3   와카 워터는 물이 부족한 지역에서 물을 얻을 수 있는 적정 기술입니다. 그 지역에 자라는 와카나무의 줄기를 엮어서 만든 틀에 물방울이 잘 달라붙을 수 있도록 촘촘한 그물을 달아 만듭니다. 그물에는 온도가 달라지며 생긴 물방울이 맺히고 이 물방울을 모아 물을 얻습니다. 와카 워터의 아래쪽은 낮에 뜨거운 햇빛을 막아 물의 증발을 막고, 사람들이 쉴 수 있는 공간이 됩니다.

4   소켓 볼은 공놀이를 하면서 전기를 만들 수 있도록 만들어진 장치입니다. 이 장치는 공을 발로 차면 생기는 충격을 전기로 바꿉니다. 이렇게 모은 전기로 전자 제품을 사용하거나 밤에 전등을 켤 수 있습니다. 소켓 볼은 전기가 부족한 지역에 큰 도움을 줍니다.

1 이 글의 중심 소재는 무엇인지 쓰세요.

☐☐☐☐

2 이 글의 내용에 알맞은 낱말을 괄호 안에서 골라 ◯표를 하세요.

❶ 적정 기술은 자연을 함부로 (보호하지 | 훼손하지) 않는다.

❷ 전문가들은 다양한 적정 기술을 (개발하고 | 사용하고) 있다.

❸ 아프리카에 (부족한 | 풍족한) 물이나 전기를 얻을 수 있는 적정 기술이 있다.

3 다음 사례에 알맞은 적정 기술을 찾아 선으로 이으세요.

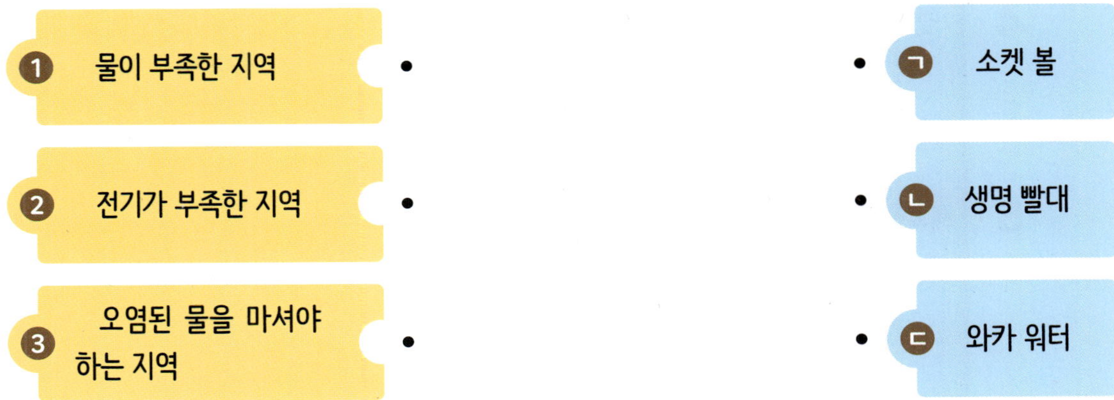

4 ㉠과 같은 뜻으로 쓰인 낱말이 아닌 것은 무엇인가요?　　(　　)

① 친척의 소식이 끊겼습니다.

② 이웃 간의 왕래가 끊겼습니다.

③ 이사 간 친구와 연락이 끊겼습니다.

④ 요금을 내지 않아 가스가 끊겼습니다.

⑤ 그곳은 오래 전부터 사람들의 발길이 끊겼습니다.

이번 주 공부 끝! 자신 있게 사용할 수 있는 서술어에 V표를 하세요.

☐ 끊기다　☐ 개발하다　☐ 묻히다　☐ 전시하다　☐ 훼손하다

1-3 뜻에 알맞은 낱말을 [보기]에서 골라 기호를 쓰세요.

> [보기]　　　⊙ 새기다　　　ⓛ 개발하다　　　ⓒ 보관하다

1 물건을 맡아서 간직하고 관리하다. (　　　)

2 토지나 천연자원 등을 유용하게 만들다. (　　　)

3 잊지 아니하도록 마음속에 깊이 기억하다. (　　　)

4-5 다음 낱말에 알맞은 뜻을 골라 선으로 이으세요.

4 갯히다　•

- ㄱ 문제에 대한 답을 틀리지 않게 하다.
- ㄴ 물방울이나 땀방울 등이 생겨 매달리게 되다.

5 계외하다　•

- ㄱ 따로 떼어 내어 한곳에서 헤아리지 아니하다.
- ㄴ 어떤 공간이나 단체, 범위에 들어가게 하다.

6-8 문장에 알맞은 낱말을 골라 ○표 하세요.

6 물게를 종류에 따라 (먹었다 | 구별했다).

7 나라에서는 그곳을 국립 공원으로 (정리했다 | 지정했다).

8 친구들의 응원을 받으니 용기가 불끈 (솟았다 | 내려왔다).

9 밑줄 그은 낱말과 바꾸어 쓸 수 있는 낱말은 무엇인가요? (　　　)

> 방음벽은 도로의 소음을 <u>차단하려고</u> 설치한 벽이다.

① 만들려고　　　② 막으려고　　　③ 설치하려고　　　④ 유지하려고

10 빈칸에 공통으로 들어갈 낱말로 알맞은 것은 무엇인가요? ( )

> ◦ 아파트 주민들은 놀이터를 [   ] 있습니다.
> ◦ 금메달을 딴 기쁨을 국민 여러분과 [   ] 싶습니다.

① 정하고 ② 공유하고 ③ 예상하고 ④ 정리하고

11 밑줄 그은 말과 뜻이 반대되는 낱말은 무엇인가요? ( )

> 그 공장에서는 연필을 <u>생산한다</u>.

① 만든다 ② 소비한다 ③ 전달한다 ④ 포함한다

12-14 문장의 빈칸에 들어갈 낱말을 보기 에서 골라 쓰세요.

> 보기 　　　 묻히다　　 부족하다　　 전시하다

12 튀김을 하려고 고구마에 빵가루를 [   ].

13 미술관에서 매달 주제를 정해 작품을 [   ].

14 사람들이 도시로 몰려서 농촌에 노동력이 [   ].

15 다음 초성을 보고, 빈칸에 들어갈 알맞은 낱말을 쓰세요.

가로① 현미경으로 물체를 (ㅎㄷㅎㄷ).

세로❷ 위험한 재난 상황에 (ㄷㅊㅎㄷ).

1-4 낱말에 알맞은 뜻을 찾아 선으로 이으세요.

1 대처하다 •   • ㉠ 헐거나 깨뜨려 못 쓰게 만들다.

2 생산하다 •   • ㉡ 여러 가지 물품을 한곳에 벌여 놓고 보게 하다.

3 전시하다 •   • ㉢ 어떤 정세나 사건에 대하여 알맞은 조치를 취하다.

4 훼손하다 •   • ㉣ 인간이 생활하는 데 필요한 각종 물건을 만들어 내다.

5-6 밑줄 그은 낱말의 뜻을 보기 에서 골라 기호를 쓰세요.

> 보기   ㉠ 물방울이나 땀방울 등이 생겨 매달리게 되다.
> ㉡ 열매나 꽃망울 등이 생겨나거나 그것이 이루어지다.

5 주아의 눈에는 눈물이 글썽하게 <u>맺혔다</u>. (   )

6 집에서 키우고 있는 화분에 열매가 <u>맺혔다</u>. (   )

7 빈칸에 들어갈 말이 차례대로 짝 지어진 것은 무엇인가요?   (   )

> 우리 지역은 많은 사람들이 농사를 지어서 곡식은 [   ], 바닷가에서 멀리 떨어져 있어서 해산물은 [   ].

① 적지만, 부족하다   ② 부족하지만, 충분하다
③ 충분하지만, 부족하다   ④ 충분하지만, 생산하다

8 밑줄 그은 낱말의 뜻이 나머지와 <u>다른</u> 하나는 무엇인가요?   (   )

① 그 산에는 많은 양의 석탄이 <u>묻혀</u> 있다.
② 동생은 놀이터에서 노느라 옷에 흙을 <u>묻혔다</u>.
③ 그는 벽화를 그리려고 붓에 페인트를 <u>묻혔다</u>.

9-10 문장에 알맞은 낱말을 골라 ○표 하세요.

9 전학을 간 친구와 소식이 (끊어서 | 끊겨서) 친구의 소식이 궁금했다.

10 목판화는 나무로 만든 판에 조각칼로 (골라서 | 새겨서) 찍어 낸 그림이다.

11 밑줄 그은 낱말의 뜻으로 알맞은 것은 무엇인가요?　　　　　(　　　　)

> 현대에 이르러 의학 기술이 크게 발달했다.

① 새로운 물건을 만들거나 새로운 생각을 내어놓다.
② 지리상의 어떤 지역이나 대상이 제법 크게 형성되다.
③ 학문, 기술, 문명, 사회 등의 현상이 보다 높은 수준에 이르다.

12 밑줄 그은 낱말과 바꾸어 쓸 수 있는 낱말은 무엇인가요?　　　　　(　　　　)

> 정부는 감염병에 적극적으로 대처해야 한다.

① 결정해야　　　② 대답해야　　　③ 대응해야　　　④ 침묵해야

13 빈칸에 들어갈 수 있는 낱말을 모두 고르세요.　　　　　(　　　　)

> 경제 상황이 좋아져서 신입 사원을 　　　　　 모집하기로 했다.

① 빼서　　　② 늘려서　　　③ 예상하여　　　④ 확대하여

14-15 문장의 빈칸에 들어갈 낱말을 보기 에서 골라 쓰세요.

> 보기　　　　　　개발하다　　　측정하다

14 커튼을 주문하려고 창문의 길이를 　　　　　 .

15 과일의 단맛을 높이는 새로운 기술을 　　　　　 .

1-4 뜻에 알맞은 낱말을 **보기** 에서 골라 쓰세요.

> **보기**　　부족하다　　구별하다　　차단하다　　지정하다

1 [　　　] : 가리키어 확실하게 정하다.

2 [　　　] : 성질이나 종류에 따라 갈라놓다.

3 [　　　] : 다른 것과의 관계나 접촉을 막거나 끊다.

4 [　　　] : 필요한 양이나 기준에 미치지 못해 충분하지 아니하다.

5-7 문장에 알맞은 낱말을 골라 ○표 하세요.

5 청소를 하려고 걸레에 물을 (권했다 | 묻혔다).

6 이 음료수는 냉장고에 (마셔야 | 보관해야) 한다.

7 오르막길을 오르며 이마에 땀이 (맺혔다 | 박혔다).

8 밑줄 그은 낱말과 바꾸어 쓸 수 있는 낱말을 고르세요.　　　(　　　)

> 이 병원은 점심시간을 <u>제외하고</u> 오전 9시부터 오후 6시까지 운영한다.

① 가고　　　　② 빠고　　　　③ 포함하고　　　　④ 계획하고

9-10 밑줄 그은 낱말의 뜻을 **보기** 에서 골라 기호를 쓰세요.

> **보기**　㉠ 건물과 같은 구조물이나 산과 같은 지형물이 바닥에서 위로 나온 상태가 되다.
> ㉡ 사람의 몸이나 마음속에 힘이나 의욕 등이 생겨나다.

9 이 음악을 들으면 저절로 흥이 <u>솟는다</u>. (　　　)

10 그 지역은 산이 하나 <u>솟</u>아 있고, 대부분 평지로 이루어져 있다. (　　　)

11-12 빈칸에 들어갈 낱말을 찾아 선으로 이으세요.

11 지난밤에 멧돼지가 텃밭을 [　　　　]. •

• ㉠ 전시했다

12 지난주에 강당에서 학생들의 발명품을 [　　　　]. •

• ㉡ 훼손했다

13 밑줄 그은 낱말과 뜻이 반대되는 낱말은 무엇인가요?　　　　（✎　　　）

미니어처는 실물과 같은 모양을 <u>축소하여</u> 만든 작은 모형이다.

① 작게　　　　② 사용하여　　　　③ 확대하여　　　　④ 흉내 내어

14 다음 초성을 보고, 빈칸에 들어갈 알맞은 낱말을 쓰세요.

세로① 회사에서 새로운 과자를 (ㄱㅂㅎㄷ).

가로② 강변에 습지가 (ㅂㄷㅎㄷ).

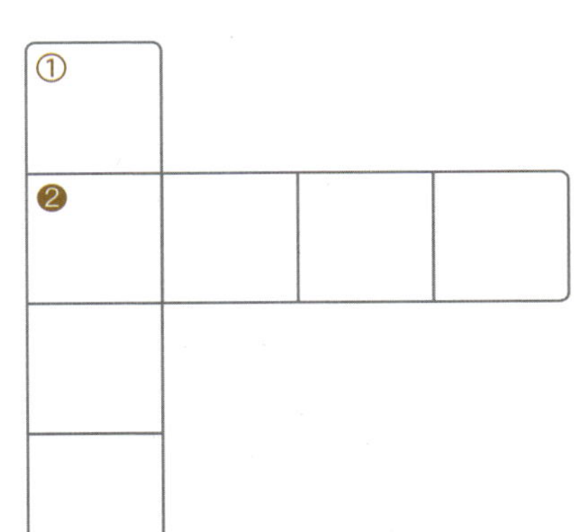

15 빈칸에 들어갈 말을 보기 에서 골라 문장의 흐름에 맞게 모양을 바꾸어 쓰세요.

보기　　　　공유하다　　　대처하다　　　측정하다

미세 먼지는 우리의 건강에 해로운 영향을 끼칩니다. 그래서 전국의 각 시청이나 구청, 군청 등에서는 미세 먼지 농도를 [　　　　], 이와 관련된 정보를 사람들에게 [　　　　]. 미세 먼지가 나쁨 수준일 때 우리는 마스크를 쓰거나 되도록 외출을 하지 않는 등 여러 가지 방법으로 [　　　　].

111

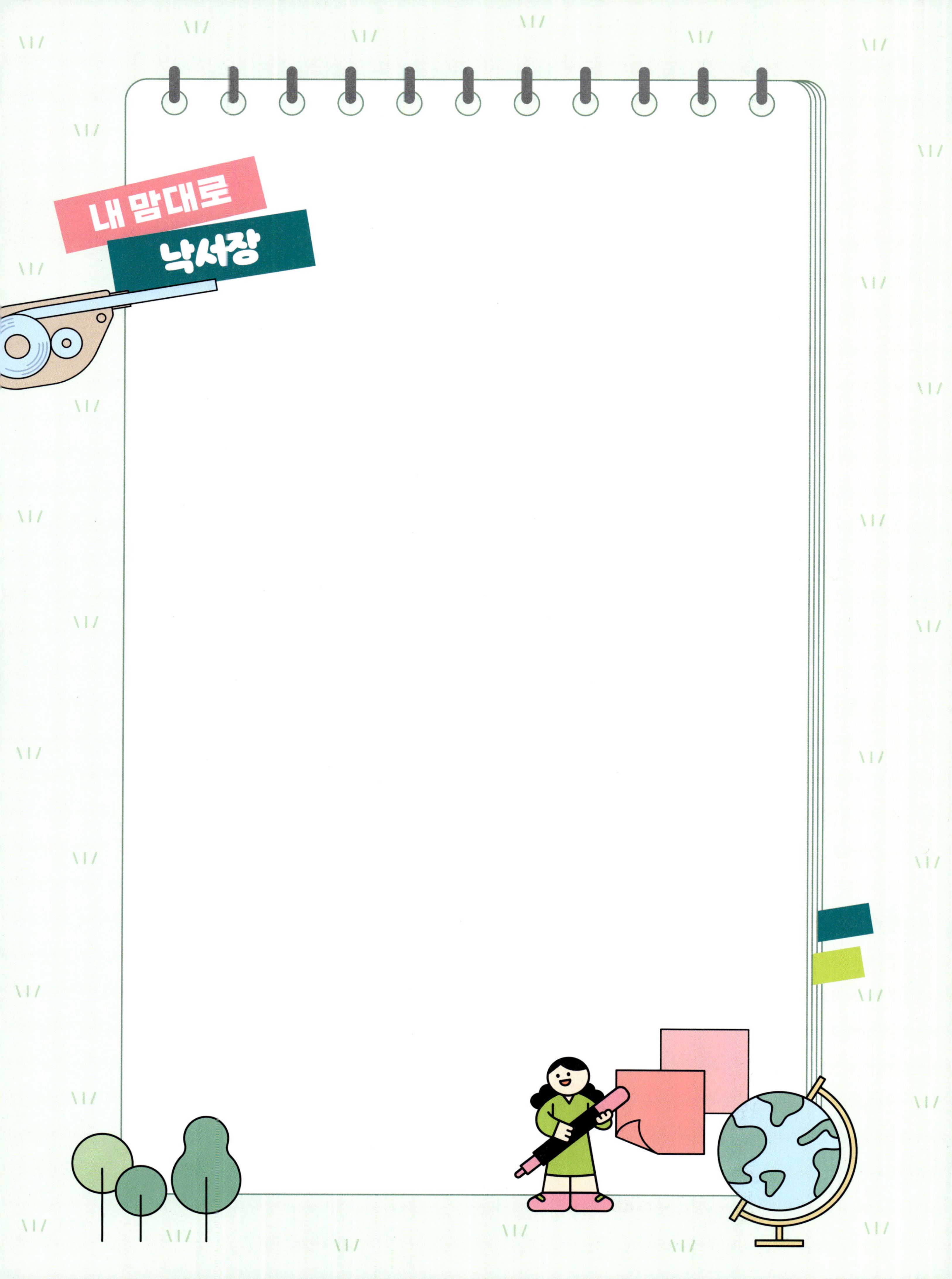
내 맘대로
낙서장

교과서 문해력

교과서가 술술 읽히는
서술어

|정답과 해설|

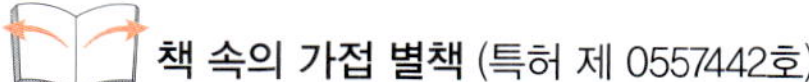

책 속의 가접 별책 (특허 제 0557442호)

'정답과 해설'은 진도책에서 쉽게 분리할 수 있도록 제작되었으므로
유통 과정에서 분리될 수 있으나 파본이 아닌 정상 제품입니다.

교과서 문해력

교과서가 술술 읽히는 서술어 4A

정답과 해설

01 일차 솟다

본문 13~15쪽

정답

1 ❶ ㉡
   ❷ ㉠

2 ❶ ㉠
   ❷ ㉡

3 ②

4 ④

5 (뾰족한 | (평평한))
   ((솟아) | 흘러)
   (똑같이 | (다양하게))

6 ⓐ

7 ④

8 ②

풀이

1 문장에서 '무엇이' 솟았는지 확인하여 '솟다'의 뜻을 구분해 볼 수 있다. ❶은 '기운이' 솟는다고 하였으므로 '솟다'가 ㉡의 뜻으로 사용되었음을 알 수 있다. ❷는 '남산이' 솟아 있다고 하였으므로 '솟다'가 ㉠의 뜻으로 사용되었음을 알 수 있다.

2 '빌딩이 솟아 있다.'와 '언덕이 솟아 있다.'에서 '솟다'는 '건물과 같은 구조물이나 지형물이 바닥에서 위로 나온 상태가 되다.'라는 뜻이다. '용기가 솟았다.'와 '의욕이 솟았다.'에서 '솟다'는 '몸이나 마음속에 힘이나 의욕 등이 생겨나다.'라는 뜻이다.

3 ㉠의 '솟다'는 산이 솟아 있다는 것으로, '건물과 같은 구조물이나 산과 같은 지형물이 바닥에서 위로 나온 상태가 되다.'라는 뜻이다.

4 산, 들, 하천, 바다와 같은 땅의 생김새를 '지형'이라고 한다.

5 들은 넓고 평평한 땅의 생김새를 말하며, 산은 높이 솟아 있는 땅의 생김새를 말한다. 또한 지형은 지역마다 다양하게 나타난다.

6 ㉡의 '솟다'는 '사람의 몸이나 마음속에 힘이나 의욕 등이 생겨나다.'라는 뜻이다. '힘이 솟았습니다.'라고 한 ⓐ의 '솟다' 역시 이와 같은 뜻으로 사용되었다.

7 이 글에서 '나'는 열심히 준비하여 발표를 멋지게 끝낼 수 있었다. 이러한 경험을 바탕으로 이번에도 발표 준비를 열심히 하겠다고 말하고 있으므로 '무엇을 하고자 하는 적극적인 마음이나 욕망'을 의미하는 '의욕'을 넣어 '의욕이 솟는다.'라고 말하는 것이 적절하다.

8 '나'는 처음에는 발표할 생각에 떨렸지만, 매일 발표 준비를 열심히 하였더니 용기가 솟았다고 하였다.

02 일차 새기다

본문 17~19쪽

정답

1 새기다	5 ①
2 ❶ ㉠	6 ②
❷ ㉡	7 ③
❸ ㉠	8 ①
3 ②	
4 ①	

풀이

1 '잊지 않도록 기억하다.'는 '새기다'로 바꾸어 쓸 수 있다.

2 '무늬를 새깁니다.'와 '글자를 새기지 마세요.'에서 '새기다'는 '글씨나 사물의 생긴 모양 등을 파다.'라는 뜻이다. '추억을 마음에 깊이 새겼습니다.'에서 '새기다'는 '잊지 않도록 마음속에 깊이 기억하다.'라는 뜻이다.

3 ㉠의 '새기다'는 '글씨나 사물의 생긴 모양 등을 파다.'라는 뜻이므로 바위에 그림을 파고 있는 ②가 '새기다'를 바르게 나타내고 있다.

4 암각화는 바위에 새긴 그림을 말하는 것이다. 따라서 ㉡에는 '글씨나 사물의 생긴 모양 등을 파다.'를 뜻하는 '새기다'를 문장 흐름에 맞게 사용한 ①이 들어가는 것이 적절하다.

5 울산 암각화는 옛날 사람들이 동물과 그 동물을 사냥하는 사람들의 모습을 새겨 놓은 바위그림으로, 이를 통해 나무로 동물을 만들었을 것이라고 짐작하기는 어렵다.

6 ㉡의 '새기다'는 '잊지 않도록 마음속에 깊이 기억하다.'라는 뜻으로 사용되었다.

7 이 글에서 선비는 농부의 교훈을 새겨서 남의 잘못이나 단점을 함부로 말하지 않았다고 하였다.

8 첫 번째 빈칸에는 '글씨나 사물의 생긴 모양 등을 파다.'라는 뜻의 '새기다'가, 두 번째 빈칸에는 '잊지 않도록 마음속에 깊이 기억하다.'라는 뜻의 '새기다'가 들어가는 것이 알맞다.

03 일차 대처하다

본문 21~23쪽

정답

1　(생각 | (조치))
2　①
3　①
4　②
5　③

6　((대피한다) | 방문한다)
　　(닦는다 | (막는다))
　　(무시한다 | (확인한다))
7　②
8　대처 / 협력
9　ⓑ, ⓒ

풀이

1　'조치'는 '벌어지는 상황을 잘 살펴서 필요한 대책을 세워서 행함. 또는 그 대책.'을 뜻하는 낱말로, '대처하다'는 '어떤 상황이나 사건에 대하여 알맞은 조치를 취하다.'라는 뜻이다.

2　'대응하다'는 '어떤 일이나 사태에 맞추어 태도나 행동을 취하다.'라는 뜻으로, '대응하다'와 뜻이 비슷한 낱말은 '대처하다'이 다.

3　'대처하다'는 '어떤 상황이나 사건에 대하여 알맞은 조치를 취하다.'라는 뜻으로, '아름다운 풍경을 보며'에는 '대처하다'가 아닌 '감탄하다' 등의 표현이 적절하다.

4　'틀림없이 그러한가를 알아보거나 인정하다.'라는 뜻을 가진 낱말은 '확인하다'이다.

5　화산 활동과 같은 자연 재난에 어떻게 대처해야 하는지 미리 알아 두어야 한다고 말하는 것이므로, '방법'이 들어가기에 적절하다.

6　화산 활동이 일어나면 멀리 대피하고, 화산재가 떨어지고 있다면 실내로 대피해야 한다. 또 젖은 수건으로 문 틈을 막고, 텔레비전과 라디오 등에서 안내하는 정보를 확인한다.

7　'대처하다'는 '어떤 상황이나 사건에 대하여 알맞은 조치를 취하다.'라는 뜻으로, '어떤 일이나 사태에 맞추어 태도나 행동을 취하다.'의 뜻을 가진 '대응하다'와 바꾸어 쓸 수 있다.

8　이 글에서 미세 먼지는 바람을 타고 넘나들어 국경이 없기 때문에 한 나라만 노력한다고 그 문제가 해결되지 않는다고 하였다. 즉, 미세 먼지 문제에 '대처'하려면 모든 나라가 서로 '협력'해야 한다.

9　미세 먼지 문제에 대처하기 위해서는 일회용품의 사용을 줄이고, 대중교통을 이용해야 한다고 하였다.

4

04 일차

구별하다

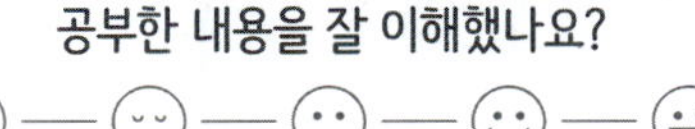

본문 25~27쪽

정답

1 ②
2 ㉡
3 ①
4 ③
5 ❶ 둔각
　 ❷ 예각

6 ③
7 ❶ N / S　❷ S / N

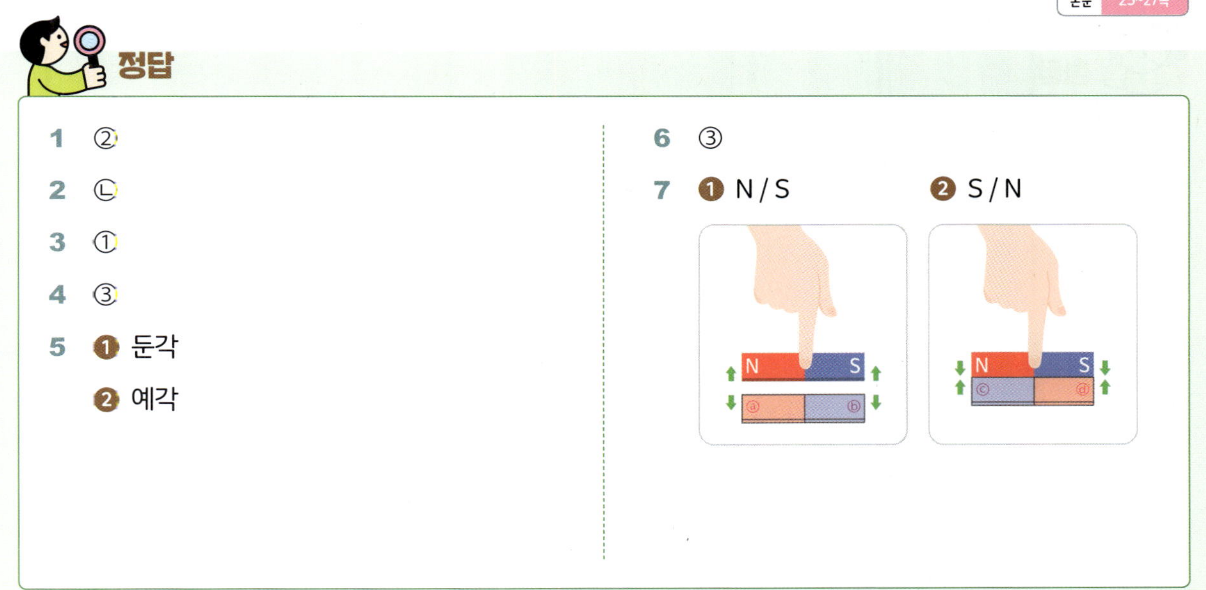

풀이

1 '종류에 따라 갈라놓다.'는 '구별하다'와 뜻이 비슷하다.

2 '구별하다'는 '성질이나 종류에 따라 갈라놓다.'의 뜻으로, ㉡의 경우 '구별하다'보다는 '어떤 일에 대하여 서로 의견을 주고받다.'를 의미하는 '의논하다'와 같은 낱말을 쓰는 것이 더 적절하다.

3 '구별하다'는 '성질이나 종류에 따라 갈라놓다.'의 뜻으로, '일정한 기준에 따라 전체를 몇 개로 갈라 나누다.'의 뜻을 가진 '구분하다'와 뜻이 비슷하다.

4 예각과 둔각은 직각인 90°를 기준으로 구별할 수 있다.

5 예각과 둔각은 직각을 기준으로 구별할 수 있다. ❶은 각도가 90°보다 크고 180°보다 작은 '둔각'이고, ❷는 각도가 0°보다 크고 90°보다 작은 '예각'이다.

6 자석은 같은 극끼리는 서로 밀어 내고, 다른 극끼리는 서로 끌어당기는 성질이 있다. 만약 극 표시가 없는 자석이 있다면, 극 표시가 있는 자석을 활용하여 어느 쪽이 N극이고 어느 쪽이 S극인지 구분해 볼 수 있다.

7 자석은 같은 극끼리는 서로 밀어 내고, 다른 극끼리는 서로 끌어당기는 성질이 있다. ❶은 두 자석이 서로 밀어 내고 있으므로 ⓐ는 N극, ⓑ는 S극이다. ❷는 두 자석이 서로 끌어당기고 있으므로 ⓒ는 S극, ⓓ는 N극이다.

05 일차 확대하다

본문 **29~31쪽**

정답

1 ❶ ㄴ
　　❷ ㄱ
2 ②
3 ③
4 ①
5 ③
6 ❶ ㄴ
　　❷ ㄱ

7

세균	생각	기간
곤충	해감	인원
모래알	장소	곰팡이

8 ①

풀이

1 ❶의 '축소하다'는 '모양이나 규모 등을 줄여서 작게 하다.'라는 의미이고, ❷의 '확대하다'는 '모양이나 규모 등을 더 크게 하다.'라는 의미이다.

2 '확대하다'는 '모양이나 규모 등을 더 크게 하다.'라는 뜻으로, 이 문장에서는 '수나 분량 따위를 본디보다 많아지게 하거나 무게를 더 나가게 하다.'라는 뜻의 '늘리다'와 뜻이 비슷하다.

3 지구를 지키려면 석탄이나 석유 에너지 발전을 축소하고, 친환경 에너지 발전을 확대해야 한다.

4 '확대하다'는 '모양이나 규모 등을 더 크게 하다.'의 뜻을 가지고 있다.

5 디지털 영상지도에서 − 단추를 눌러 지도를 더 작게 하는 것은 '모양이나 규모 등을 줄여서 작게 하다.'의 뜻을 가진 '축소하다'로 바꾸어 표현할 수 있다.

6 지도를 축소하면 넓은 지역을 간략하게 볼 수 있고, 지도를 확대하면 좁은 지역을 자세히 볼 수 있다.

7 디지털 현미경으로 크게 하여 관찰할 수 있는 크기가 작은 생물이나 물체를 찾아야 한다.

8 확대하는 것은 대상의 모양이나 규모 등을 더 크게 하는 것이므로 가장 크게 확대한 것은 대상을 가장 크게 보여 주는 ①이다.

본문 32쪽

독해 Point 이 글은 4학년 1학기 사회 교과서 내용 중, 자연환경에 대해 살펴보는 글입니다. 자연환경의 의미와 종류를 알고, 각 지역의 자연환경이 서로 다르다는 점을 이해하며 글을 읽어 보세요.

1 　자연환경은 우리를 둘러싸고 있는 것 중에 사람이 만들지 않은 자연 그대로의 것을 말합니다.
자연환경의 의미
자연환경에는 지형, 기후 등이 있습니다. 지형은 땅의 생김새를 말하는데, 지역마다
자연환경의 종류 ①
지형이 다릅니다. 높은 산이 ㉠솟아 있는 지역도 있고, 넓은 들이나 평야가 많은 지역도
있고, 강이나 바다가 가까운 지역도 있습니다. 독도와 울릉도, 제주특별자치도처럼 지역이
하나의 섬으로 이루어진 곳도 있습니다.

⇨ 자연환경에는 지형, 기후 등이 있는데, 지역마다 지형이 다릅니다.

2 　지역마다 다른 지형은 디지털 영상지도로 확인할 수 있습니다. 내가 사는 지역을 선택하
지형을 확인하는 방법
여 이를 중심으로 지도를 확대하면 우리 지역의 지형을 자세히 볼 수 있습니다. 지도를 축
소하면 내가 사는 지역과 그 주변의 지형을 함께 보고 비교할 수 있습니다.

⇨ 디지털 영상지도로 내가 사는 지역과 그 주변 지역의 지형을 확인할 수 있습니다.

3 　기후도 중요한 자연환경입니다. 기후는 기온, 강수량, 풍속 등의 요소로 결정됩니다. 예를
자연환경의 종류 ②
들어 비나 눈이 많이 오는지 적게 오는지에 따라 습한 기후와 건조한 기후로 구별합니다.
기후는 지역마다 다르기 때문에 내가 사는 지역의 기후를 잘 알고 있어야 합니다. 이러한
기후에 따라 일어날 수 있는 문제에 대처할 수 있기 때문에
정보를 바탕으로 기후에 따라 일어날 수 있는 여러 문제에 대처할 수 있기 때문입니다.
만약 비가 많이 오는 지역이라면 댐을 건설하여 홍수를 예방할 수 있습니다.

⇨ 기후는 지역마다 다르며, 지역의 기후 특징을 알면 문제 상황에 효과적으로 대처할 수 있습니다.

4 　자연환경이 다르면 사람들의 생활 모습도 달라집니다. 따라서 우리 지역뿐만 아니라 다
른 지역의 자연환경도 이해하고, 각 지역의 특징을 존중하는 마음을 새겨야 합니다.

⇨ 지역마다 다른 자연환경을 이해하고, 그 특징을 존중하는 마음을 지녀야 합니다.

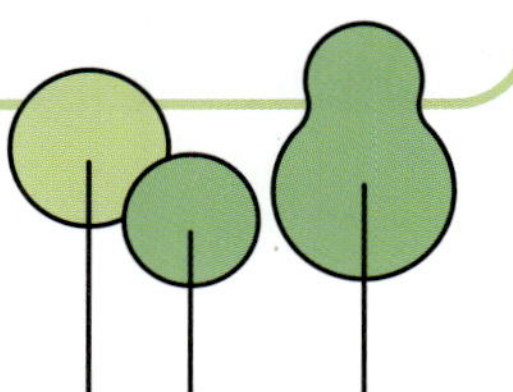

1 ④

2 ④

3 ①

4 자연환경 / 새겨야

1 디지털 영상지도를 축소하면 내가 사는 지역과 그 주변의 지형을 함께 보고 비교할 수 있다. 내가 사는 지역을 자세히 보려던 지도를 확대해야 한다.

2 디지털 영상지도를 활용하면 자연환경 중 기후가 아니라 지형을 확인할 수 있다.

3 ㉠과 ㉡의 '솟다'는 '건물과 같은 구조물이나 산과 같은 지형물이 바닥에서 위로 나온 상태가 되다.'라는 뜻이다. ②~⑤의 '솟다'는 '사람의 몸이나 마음속에 힘이나 의욕 등이 생겨나다.'라는 뜻이다.

4 이 글에서는 다양한 자연환경에 대해 설명한 뒤, 자연환경은 지역마다 다르므로 이를 이해하고, 각 지역의 특징을 존중하는 마음을 새겨야 한다고 하였다.

 공부한 서술어를 활용해 말풍선을 완성하세요.

 **06** 일차

차단하다

본문 37~39쪽

 **정답**

1 차단하다	5 대처
2 ❶ ㉡	6 ④
❷ ㉠	7 ①
3 ②	
4 ❶ (예방한다 | 예상한다)	
❷ (이동한다 | 이용한다)	
❸ (대비한다 | 대피한다)	

 **풀이**

1 '바람을 막다.'의 '막다'는 '액체나 기체 등의 흐름 또는 통로를 막거나 끊어서 통하지 못하게 하다.'라는 뜻의 '차단하다'와 바꾸어 쓸 수 있다.

2 ❶은 햇빛의 흐름이나 통로를 막는 것이므로 '차단하다'가 ㉡의 뜻으로 사용되었다. ❷는 접촉을 막는 것이므로 '차단하다'가 ㉠의 뜻으로 사용되었다.

3 ㉠의 대상은 전기와 가스이므로 '차단하다'가 '액체나 기체 등의 흐름 또는 통로를 막거나 끊어서 통하지 못하게 하다.'라는 뜻으로 사용되었다. 이때 '차단하다'는 '공급하던 것을 중단하다.'라는 뜻을 가진 '끊다'와 뜻이 비슷하다.

4 지진이 일어났을 때에는 전기와 가스를 차단하여 화재를 예방한다. 또 건물 밖으로 나갈 때에는 계단을 이용해야 하며, 건물 밖에서는 가방이나 손으로 머리를 보호하며 넓고 안전한 공간으로 대피해야 한다.

5 이 글은 지진이 발생했을 때 대처하는 여러 가지 방법을 설명하고 있다.

6 ㉡의 '차단하다'는 '다른 것과의 관계나 접촉을 막거나 끊다.'라는 뜻으로, ④의 '차단하다'가 같은 뜻으로 사용되었다. ①~③의 '차단하다'는 '액체나 기체 등의 흐름 또는 통로를 막거나 끊어서 통하지 못하게 하다.'라는 뜻이다.

7 유익하지 않고 해로운 내용이 있는 누리집은 다시 보지 않도록 차단하는 것이 적절하다.

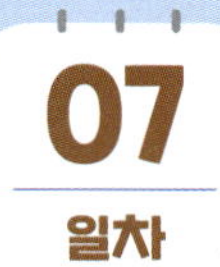

지정하다

본문 41~43쪽

 **정답**

1 ③	**5** 잊어버릴 수 있음. → 잊어버리지 않을 수 있음.
2 ❶ ㄴ	**6** ②
❷ ㄱ	**7** 유적지
❸ ㄴ	**8** ①, ④
3 ①	
4 ②	

 **풀이**

1 첫 번째 문장은 '공공 기관, 학교, 회사 등이 어떤 것에 특정한 자격을 주다.'의 뜻을 가진 '지정하다'가, 두 번째 문장은 '가리키어 확실하게 정하다.'의 뜻을 가진 '지정하다'가 들어가기에 알맞다.

2 ❶과 ❸의 '지정하다'는 '공공 기관, 학교, 회사 등이 어떤 것에 특정한 자격을 주다.'라는 뜻이다. ❷의 '지정하다'는 '가리키어 확실하게 정하다.'라는 뜻이다.

3 ㉠과 ①의 '지정하다'는 '가리키어 확실하게 정하다.'라는 뜻이다. ②, ③의 '지정하다'는 '공공 기관, 학교, 회사 등이 어떤 것에 특정한 자격을 주다.'라는 뜻이다.

4 메모는 다른 사람에게 말을 전하거나 자신의 기억을 돕기 위하여 짤막하게 적어 두는 일 또는 그렇게 적은 글을 의미하므로, 해야 할 일들을 머릿속에 기억하는 것은 메모로 보기 어렵다.

5 이 글에서 메모를 하면 중요한 일이나 내용을 잊어버리지 않을 수 있다고 하였다.

6 ㉤은 역사적으로 중요한 장소에 '유적지'라는 자격을 준다는 의미이므로, '공공 기관, 학교, 회사 등이 어떤 것에 특정한 자격을 주다.'라는 뜻으로 사용되었다.

7 이 글은 옛날 사람들의 흔적이 남아 역사적으로 중요한 장소인 '유적지'에 대해 설명하고 있다.

8 유적지는 옛날에 만들어진 건축물, 싸움터, 역사적 사건이 벌어졌던 곳처럼 옛날 사람들의 흔적이 남아 있는 곳이므로 ①, ④를 유적지로 지정할 수 있다.

08 일차 공유하다

본문 45~47쪽

 정답

1 ❶ (**나누다** | 남기다)
  ❷ (한 사람 | **두 사람 이상**)

2 ③

3 ❶ ㉡
  ❷ ㉠

4 ④

5 ①

6 공유

7 ①

8 ③

9 (**공유** | 녹음)
  (결과 | **주제**)
  (**결정** | 교환)

 풀이

1 ❶의 '공유하다'는 '정보나 의견, 감정 등을 나누다.'의 뜻으로, ❷의 '공유하다'는 '두 사람 이상이 한 물건을 공동으로 가지고 있거나 이용하다.'의 뜻으로 사용되었다.

2 ①의 '공유하다'는 '두 사람 이상이 한 물건을 공동으로 소유하거나 이용하다.'라는 뜻으로, ②의 '공유하다'는 '정보나 의견, 감정 등을 나누다.'라는 뜻으로 낱말을 바르게 사용하였다. ③은 책이나 장난감을 혼자 보거나 쓴다는 의미이므로 '독차지하다' 등의 낱말이 적절하다.

3 ❶과 ㉡의 '공유하다'는 '정보나 의견, 감정 등을 나누다.'의 뜻으로, ❷와 ㉠의 '공유하다'는 '두 사람 이상이 한 물건을 공동으로 가지고 있거나 이용하다.'의 뜻으로 사용되었다.

4 식물이나 동물이 아닌 생물에는 버섯이나 곰팡이 등의 균류, 미역이나 파래 등의 원생생물, 세균 등이 있다. 선인장은 식물에 해당한다.

5 ㉡과 ①의 '공유하다'는 '두 사람 이상이 한 물건을 공동으로 가지고 있거나 이용하다.'라는 뜻으로 사용되었다. ②~④의 '공유하다'는 '정보나 의견, 감정 등을 나누다.'라는 뜻으로 사용되었다.

6 우리는 식물, 동물, 식물이나 동물이 아닌 생물 등 다양한 생물들과 지구를 공유하며 살아가고 있다.

7 ㉢은 '정보나 의견, 감정 등을 나누다.'의 뜻을 가진 '공유하다'를 사용하여 주제에 대한 서로의 의견을 공유한다고 바꾸어 표현할 수 있다.

8 토의는 여러 사람이 의견을 나누어 기준에 따라 가장 알맞은 의견으로 문제를 해결하는 방식이다. 따라서 내가 원하는 방법으로 문제를 해결할 수 있는 것은 아니다.

9 토의를 할 때에는 각자 떠올린 내용을 공유하여 토의 주제를 정하고, 토의 주제에 대한 서로의 의견을 공유한다. 그리고 정한 기준에 따라 가장 알맞은 의견을 결정한다.

09 일차 제외하다

본문 49~51쪽

정답

1 ②	6 둔각 / 예각
2 ③	7 ②
3 (제외하고 | 포함하여)	8 ③
4 ①	9 제외
5 ②	

풀이

1 '제외하다'는 '따로 떼어 내어 한곳에서 헤아리지 아니하다.'라는 뜻이다.

2 제시된 문장에서 도서관은 금요일을 빼고 다른 요일에는 운영을 한다고 하였으므로, 도서관을 금요일에 운영하지 않는다는 것을 알 수 있다.

3 이 글에서 '나'는 가족 여행으로 바다에 가고 싶다고 했고, 다른 식구들은 계곡에 가고 싶다고 하였다. 따라서 괄호 안에는 '따로 떼어 내어 한곳에서 헤아리지 아니하다.'의 뜻을 가진 '제외하고'가 들어가야 알맞다.

4 '제외하다'는 '따로 떼어 내어 한곳에서 헤아리지 아니하다.'라는 뜻이다. ②는 '포함하다'의 뜻이다.

5 삼각형의 세 각의 합은 180°이므로 한 각이 90°이면 나머지 두 각은 각의 합이 90°이다. 따라서 직각을 제외한 나머지 두 각은 모두 0°보다 크고 90°보다 작은 예각이다.

6 삼각형의 세 각의 합은 180°이므로 한 각이 90°보다 큰 둔각이면 나머지 두 각의 합은 90°보다 작다. 따라서 둔각을 제외한 나머지 두 각은 모두 0°보다 크고 90°보다 작은 예각이다.

7 '제외하다'는 '따로 떼어 내어 한곳에서 헤아리지 아니하다.'라는 뜻으로, '전체에서 일부를 제외하거나 덜어 내다.'의 뜻을 가진 '빼다'와 바꾸어 쓸 수 있다.

8 이 글은 필요한 물건을 살 때 합리적으로 선택하는 방법에 대해 설명하고 있다.

9 물건을 살 때 합리적 선택을 하려면, 자신이 가진 돈을 확인하여 선택 기준을 정하고, 정보를 수집하여 물건을 비교해 본다. 이때 기준에 맞지 않는 물건을 제외하면 합리적 선택을 하는 데 도움이 된다.

10 일차 보관하다

본문 53~55쪽

정답

1 (**물건** | 사람)
　(**간직하고** | 사용하고)
2 ③
3 ㉠
4 ①
5 (녹이는 | **유지하는**)
　(**보관하고** | 정리하고)

6 ③
7 ②
8 ②
9 **❶** ㄱ
　❷ ㄱ
　❸ ㄴ

풀이

1 '보관하다'는 '물건을 맡아서 간직하고 관리하다.'라는 뜻이다.

2 '보관하다'는 '물건을 맡아서 간직하고 관리하다.'라는 뜻으로, '사용하지 않고 보관하거나 간직하다.'라는 의미를 가진 '두다'와 뜻이 비슷하다.

3 ㉡~㉣은 '보관하다'를 사용하기에 적절하지만, ㉠은 '가다'와 같은 낱말을 쓰는 것이 적절하다.

4 '보관하다'는 '물건을 맡아서 간직하고 관리하다.'라는 뜻이다. '어지럽게 흩어진 것을 규모 있게 고쳐 놓거나 가지런히 바로잡아 정리하다.'라는 뜻을 가진 낱말은 '정돈하다'이다.

5 이 글에서 석빙고에 얼음을 보관하면 녹지 않았다고 하였으므로, 석빙고가 재료를 차갑게 유지하는 역할을 했음을 알 수 있다. 이러한 점을 보아 석빙고는 음식을 차갑고 신선하게 보관할 수 있는 냉장고와 비슷하다는 것을 알 수 있다.

6 경상남도 창녕군에는 옛날 우리 조상들이 사용했던 석빙고가 아직까지 남아 있다. ① 얼음을 여름에도 사용할 수 있도록 만든 장소이다. ② 천장에 뚫린 구멍으로 더운 공기가 빠져나가 내부가 시원하게 유지된다고 하였다.

7 '보관하다'는 '물건을 맡아서 간직하고 관리하다.'라는 뜻으로, ②는 '보관하다' 대신 '틀다', '사용하다' 등의 낱말을 쓰는 것이 적절하다.

8 영지버섯은 약이나 건강식품을 만드는 데 이용된다고 하였다.

9 ❶, ❷는 균류가 우리 생활에 미치는 좋은 영향에 해당하고, ❸은 좋지 않은 영향에 해당한다.

 **독해연습 2주**

본문 56쪽

독해 Point 이 글은 4학년 1학기 국어 교과서 내용 중 옹기에 대해 살펴보는 글입니다. 옹기의 의미와 종류, 특징어 대해 알고, 옹기를 지키기 위한 다양한 노력을 살펴보며 글을 읽어 보세요.

1 옹기는 진흙을 구워서 만든 그릇으로, 아주 오래전부터 사용되었습니다. 옹기는 크게 오지그릇과 질그릇으로 구분할 수 있습니다. 오지그릇은 진흙으로 그릇의 모양을 만들고, 표면에 ◆잿물을 바릅니다. 그래서 겉이 매끄럽고 반들반들합니다. 질그릇도 진흙으로 만들지만, 표면에 잿물을 바르지 않습니다. 그래서 겉이 거칩니다.
　　　　옹기의 종류 ①　　　　옹기의 종류 ②

⇨ 옹기는 진흙을 구워 만든 그릇으로, 만드는 방법에 따라 오지그릇과 질그릇으로 구분할 수 있습니다.

2 옹기는 숨을 쉬는 그릇으로 불리기도 합니다. 옹기에는 작은 구멍들이 있는데, 이 구멍으로 물은 들어오지 않고 공기만 통합니다. 옹기의 구멍은 옹기의 재료인 진흙에 있는 모래들 사이에 틈이 생겨 만들어집니다. 옹기를 굽는 과정에서 진흙에 있던 물이 사라지면서 그 사이에 구멍이 생기기도 하는 것입니다.
　　　옹기의 특징

⇨ 옹기에는 공기가 통하는 구멍이 있는데, 이 구멍은 옹기를 만드는 과정에서 생깁니다.

3 옹기에 있는 구멍은 음식을 잘 썩지 않게 도와줍니다. 그래서 곡식이나 채소를 바로 먹을 것을 제외하고 나머지는 옹기에 보관하면, 오랫동안 신선한 상태로 유지할 수 있습니다. 그리고 김치나 된장과 같은 발효식품 속 유산균이 잘 자랄 수 있게 해 줍니다. 공기를 완전히 ㉠차단하면 유산균이 잘 자라지 못하는데, 옹기는 공기가 통하는 그릇이라 그 안에서 유산균이 잘 자랄 수 있습니다.
　　　옹기에 있는 구멍의 역할 ①　　　옹기에 있는 구멍의 역할 ②

⇨ 옹기에 있는 구멍은 음식을 잘 썩지 않게 하고, 유산균이 잘 자라도록 합니다.

4 옹기는 조상들의 지혜를 엿볼 수 있는 중요한 그릇입니다. 그래서 나라에서는 옹기를 만드는 방법이 계속 이어질 수 있도록 옹기를 만드는 사람인 '옹기장'을 국가 무형유산으로 지정하여 관리합니다. 그리고 옹기를 알리는 자료를 만들어 많은 사람과 공유하고 있습니다.
　　　옹기를 알리고 지키기 위한 노력 ①　　　옹기를 알리고 지키기 위한 노력 ②

⇨ 옹기를 만들고 알리기 위해 다양한 노력을 하고 있습니다.

◆잿물: 도자기의 몸에 덧씌우는 약. 도자기에 액체나 기체가 스며들지 못하게 하며 겉면에 광택이 나게 한다.

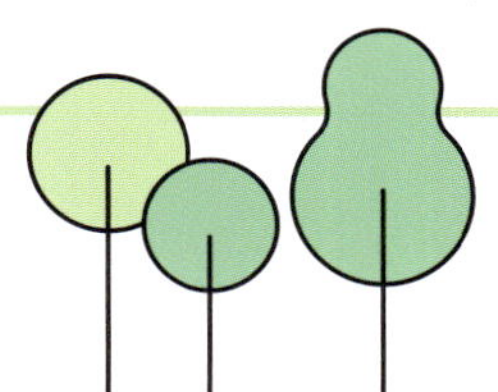

1 ②

2 진흙 / 표면 / 거침

3 ((지정하고) | 확인하고)

((공유하며) | 저장하며)

4 ⑤

1 옹기에는 구멍이 있어 음식을 보관하면 음식이 잘 썩지 않는다고 하였다. ① 옹기는 진흙으로 만든 그릇이다. ② 옹기는 아주 오래전부터 만들어졌다. ④ '옹기장'은 옹기를 만드는 사람을 말한다. ⑤ 옹기에 있는 작은 구멍으로 공기가 통해서 유산균이 잘 자란다.

2 옹기는 오지그릇과 질그릇으로 나뉘며, 둘 다 진흙으로 만든다. 오지그릇은 표면에 잿물을 발라 반들반들하지만, 질그릇은 잿물을 바르지 않아 표면이 거칠다.

3 나라에서는 '옹기장'을 국가 무형유산으로 지정하여 옹기를 만드는 방법이 계속 이어질 수 있도록 하고, 옹기에 대한 자료를 공유하며 옹기를 널리 알리고 있다.

4 ①, ④는 '공유하다'의 뜻이다. ②는 '보관하다'의 뜻이다. ③은 '제외하다'의 뜻이다.

공부한 서술어를 활용해 말풍선을 완성하세요.

15

맺히다

본문 61~63쪽

정답

1 ❶ ㉠	4 ③
❷ ㉡	5 응결 / 변하는
2 ❶ ㉤	6 ②, ③
❷ ㉣	7 ㉯ / ㉰ / ㉮
3 ①	

풀이

1 ❶은 이슬이 맺힌 것이므로 '맺히다'가 '물방울이나 땀방울 등이 생겨 매달리게 되다.'라는 뜻으로 쓰였다. ❷는 열매가 맺힌 것이므로 '맺히다'가 '열매나 꽃망울 등이 생겨나거나 그것이 이루어지다.'라는 뜻으로 쓰였다.

2 ❶ '피가 맺혔다.'와 ㉤ '땀이 맺혔다.'의 '맺히다'는 '물방울이나 땀방울 등이 생겨 매달리게 되다.'라는 뜻으로 쓰였다. ❷ '열매가 맺히지 않았다.'와 ㉣ '꽃망울이 맺혔다.'에서 '맺히다'는 '열매나 꽃망울 등이 생겨나거나 그것이 이루어지다.'의 뜻으로 쓰였다.

3 ㉠은 물방울기 맺힌 것이므로 '맺히다'가 '물방울이나 땀방울 등이 생겨 매달리게 되다.'의 뜻으로 사용되었다.

4 응결은 기체인 수증기가 액체인 물로 변하는 현상으로, 보통 물체의 표면에 맺히는 물방울을 통해 확인할 수 있다. 냄비를 가열했을 때 뚜껑 안쪽에 물이 '맺히는' 것도 응결 현상이다.

5 응결은 기체인 수증기가 액체인 물로 변하는 현상을 말한다. 이 글은 응결 현상의 뜻과 그 예를 설명하고 있다.

6 ㉡은 포도 열매가 맺힌 것으로 '맺히다'가 '열매나 꽃망울 등이 생겨나거나 그것이 이루어지다.'의 뜻으로 사용되었다. 이때 '맺히다'는 '열매가 맺히다.'의 뜻을 가진 '열리다'나 '달리다'와 바꾸어 쓸 수 있다.

7 포도는 '탱탱하고 둥글둥글한 모양'을 나타내는 표현인 '탱글탱글'을 활용한다. 눈물은 '눈에 눈물이 넘칠 듯이 그득 괸 모양'을 나타내는 표현인 '그렁그렁'을 활용한다. 땀은 '살갗에 아주 작은 땀방울 등이 많이 돋아난 모양'을 나타내는 표현인 '송송'을 활용하여 표현하는 것이 적절하다.

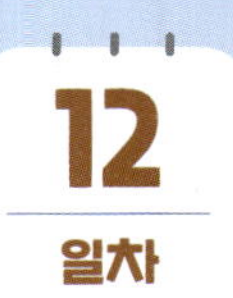

12 일차 발달하다

본문 65~67쪽

정답

1 ❶ (낮은 | **높은**)
   ❷ (**커지다** | 작아지다)

2 발달했다

3 ①

4 ❶ O
   ❷ X

5 ❶ ㄷ
   ❷ ㄱ
   ❸ ㄴ

6 ②

7 (**깎는** | 운반하는) (**상류** | 하류)
   (깎이는 | **쌓이는**) (상류 | **하류**)

8 ③

풀이

1 ❶에서 '발달하다'는 '학문, 기술, 문명, 사회 등의 현상이 보다 높은 수준에 이르다.'의 뜻으로, ❷에서 '발달하다'는 '기압, 태풍 등의 규모가 점차 커지다.'의 뜻으로 쓰였다.

2 '지리상의 어떤 지역이나 대상이 제법 크게 형성되다.'라는 뜻을 지닌 낱말은 '발달하다'이다.

3 ㉠의 '발달하다'는 '학문, 기술, 문명, 사회 등의 현상이 보다 높은 수준에 이르다.'라는 뜻으로, '더 낫고 좋은 상태나 더 높은 단계로 나아가다.'를 뜻하는 '발전하다'와 바꾸어 쓸 수 있다.

4 ❶ 인터넷 지도를 통해 빠른 길 찾기, 입체 지도 등 다양한 형태의 지도를 이용할 수 있다. ❷ 정보 통신 기술이 발달하면서 언제 어디서든 인터넷 지도를 활용할 수 있게 되었다고 하였다.

5 도로에서 길을 찾을 때는 도로 교통 지도를, 전시실의 위치를 확인할 때는 안내도를, 버스가 이동하는 방향을 알고 싶을 때는 버스 노선도를 활용할 수 있다.

6 ㉡에서 '지형'은 '땅의 생긴 모양.'을 뜻하고, '발달하다'는 '지리상의 어떤 지역이나 대상이 제법 크게 형성되다.'라는 뜻으로 쓰였다.

7 침식 작용은 흐르는 물이 바위나 돌, 흙 등을 깎는 현상으로, 강 상류에서 주로 일어난다. 퇴적 작용은 흐르는 물을 따라 운반된 돌이나 흙 등이 쌓이는 현상으로, 강 하류에서 주로 일어난다.

8 이 글은 흐르는 물에서 일어나는 침식 작용, 운반 작용, 퇴적 작용에 대해 설명하고, 이러한 작용에 따라 강의 상류와 하류에서 어떤 지형이 만들어지는지 설명하고 있다.

13 일차

측정하다

본문 69~71쪽

정답

1 ②	5 기상청
2 ㉢	6 ③
3 ①	7 (**양쪽** | 한쪽)
4 ❶ ㉡	(만드는 | **측정하는**)
❷ ㉠	8 ❶ ②
❸ ㉢	❷ ②

풀이

1 '재다'는 '기구를 이용하여 길이, 너비, 높이 등의 정도를 알아보다.'의 뜻으로, '일정한 양을 기준으로 하여 같은 종류의 다른 양의 크기를 재다.'를 의미하는 '측정하다'와 바꾸어 쓸 수 있다.

2 '측정하다'는 '일정한 양을 기준으로 하여 같은 종류의 다른 양의 크기를 재다.'라는 뜻으로, 거리, 시력, 미세 먼지의 농도 등을 잴 때 사용할 수 있는 표현이다. ㉢의 경우 '측정하다'를 사용하기 적절하지 않으며, '살펴보다' 등의 낱말을 쓸 수 있다.

3 '어떤 일이나 대상의 내용을 상대편이 잘 알 수 있도록 밝혀 말하다.'라는 뜻을 가진 낱말은 '설명하다'이다.

4 기온을 측정하는 것은 공기의 온도를 재는 것이고, 풍속을 측정하는 것은 바람의 속도를 재는 것이다. 또 강수량을 측정하는 것은 비와 눈 등 땅 위에 내리는 물의 양을 재는 것이다.

5 기상청은 기온, 풍속, 강수량 등을 측정하고 관찰한다. 그리고 이를 바탕으로 사람들에게 일기 예보를 제공하여 사람들이 안전하고 편리하게 생활할 수 있도록 돕는다.

6 블록의 무게를 알아본다는 의미가 되도록 '무게를 재다.', '무게를 달다.', '무게를 측정하다.' 등으로 표현할 수 있다. '접다'는 '종이 등을 꺾어서 겹치다.'의 뜻으로, 빈칸에 들어가기에 알맞지 않다.

7 양팔저울은 양쪽에 각각 한 개씩 접시가 달려 있는 저울로, 접시 위에 물체를 올려놓고 무게를 측정하는 도구이다.

8 ❶ 저울이 수평을 이루는 모양으로 보아 초록색 블록 3개는 빨간색 블록 2개와 무게가 같음을 알 수 있다.
　❷ 초록색 블록이 한 개에 10 g이라고 하였고, 초록색 블록의 무게의 합인 30 g은 빨간색 블록 두 개의 합과 같다. 색이 같으면 블록의 무게도 같으므로 빨간색 블록 한 개의 무게는 15 g이다.

14 일차 부족하다

본문 73~75쪽

정답

1 ②	6 희소성 / 부족
2 ②	7 ②
3 ❶ ㉡	8 ❶ ㉠
❷ ㉠	❷ ㉠
4 ①	❸ ㉡
5 ②	

풀이

1 '부족하다'는 '필요한 양이나 기준에 미치지 못해 충분하지 아니하다.'라는 뜻을 가진다. '따로 떼어 내어 한곳에서 헤아리지 아니하다.'라는 뜻을 가진 낱말은 '제외하다'이다.

2 '부족하다'는 '필요한 양이나 기준에 미치지 못해 충분하지 아니하다.'라는 뜻으로, '모자람이 없이 넉넉하다.'라는 뜻의 '충분하다'와 뜻이 반대된다.

3 ❶은 민하가 학생회장이 될 자격에 모자람이 없다는 의미이므로 '충분하다'가 들어가는 것이 알맞다. ❷는 준서의 잠이 충분하지 않다는 의미이므로 '부족하다'가 들어가는 것이 알맞다.

4 ㉠은 충분하지 않다는 뜻이므로 '필요한 양이나 기준에 미치지 못해 충분하지 아니하다.'라는 뜻의 '부족하다'와 바꾸어 쓸 수 있다.

5 ㉡은 희소성에 해당하지 않는 상황으로, 자원의 양이 부족해도 그것을 원하는 사람이 더 적은 상황을 가리킨다. 이는 에어컨의 수가 부족하지만 그것을 원하는 사람이 더 적은 상황과 유사하다고 볼 수 있다.

6 이 글은 희소성에 대해 설명하고 있는데, 사람들의 필요에 비해 자원의 양이 상대적으로 부족한 상태를 희소성이라고 한다.

7 글쓴이는 환경을 보호하려면 구입한 다회용 제품을 꾸준히 사용하는 것이 중요하다고 하였다. 따라서 글쓴이가 ㉢과 같이 이야기한 것은 텀블러가 하나면 충분하다고 말하고 싶었기 때문이다.

8 사실은 참과 거짓을 판단할 수 있는 일로, ❶과 ❷는 사실에 해당한다. 의견은 어떤 사실이나 대상에 대한 생각으로, ❸은 의견에 해당한다.

생산하다

본문 77~79쪽

정답

1 (말하는 | (생활하는))
   ((물건) | 생각)

2 생산한다

3 ②

4 ❶ Ⓧ
   ❷ Ⓞ

5

족	생	방	물	산	활
법	산	주	필	생	요
소	만	건	소	비	동

6 ②

7 ②

8 ❶ ㄴ ❷ ㄱ ❸ ㄷ

풀이

1 '생산하다'는 '인간이 생활하는 데 필요한 각종 물건을 만들어 내다.'라는 뜻을 가지고 있다.

2 이 문장에서 '만들다'는 '노력이나 기술 등을 들여 목적하는 사물을 이루다.'라는 뜻으로, '인간이 생활하는 데 필요한 각종 물건을 만들어 내다.'의 뜻을 가진 '생산하다'와 바꾸어 쓸 수 있다.

3 '생산하다'는 '인간이 생활하는 데 필요한 각종 물건을 만들어 내다.'라는 뜻이다. '돈이나 물자, 시간, 노력 등을 들이거나 써서 없애다.'라는 뜻의 낱말은 '소비하다'이다.

4 ❶ 자연에서 생활에 필요한 것을 얻는 것은 생산 활동에 해당한다. ❷ 물건을 직접 만들지 않더라도 사람들을 만족시킬 수 있는 서비스를 제공하는 것은 생산 활동에 해당한다.

5 생활에 필요한 물건이나 서비스를 '생산'하면, 생산물이나 서비스를 '소비'할 수 있다.

6 '생산하다'는 '인간이 생활하는 데 필요한 각종 물건을 만들어 내다.'라는 뜻으로, '노력이나 기술 등을 들여 목적하는 사물을 이루다.'라는 뜻의 '만들다'와 바꾸어 쓸 수 있다.

7 이 글은 화산 활동이 우리에게 미치는 이로운 영향에 대해 설명하고 있다.

8 화산 활동으로 생긴 온천은 관광지로 활용할 수 있으며, 화산 주변의 열을 이용하여 전기를 생산할 수 있다. 또 화산재가 쌓인 땅은 양분이 많아져 많은 곡식을 생산할 수 있다.

독해 Point 이 글은 4학년 1학기 사회 교과서 내용 중 지역 간의 교류에 대해 살펴보는 글입니다. 지역에 따라 생산되는 물건이 다르다는 사실을 알고, 물건, 기술, 문화 등 다양한 분야에서 지역 간의 교류가 이루어지고 있다는 점을 이해하며 글을 읽어 보세요.

1 물건에는 물건에 대한 다양한 정보가 표시되어 있습니다. 물건의 용량을 적어 두어 따로 측정하지 않아도 물건의 용량을 알 수 있기도 합니다. 또 물건을 어디에서 생산했는지 알 수 있는 생산 정보를 적어 두기도 합니다. 생산 정보를 보면 우리 지역에서 만든 물건도 있고, 다른 지역이나 나라에서 만든 물건도 있다는 것을 알 수 있습니다.

▷ 생산 정보를 통해 물건의 생산지가 다양하다는 것을 알 수 있습니다.

2 지역마다 자연환경이나 기술이 다르기 때문에 생산되는 물건도 다릅니다. 들이 발달하여
（지역이 서로 교류를 하는 이유）
논과 밭이 많은 지역은 곡식이나 채소가 풍부하지만, 해산물은 ㉠부족합니다. 반대로 바닷가 근처의 지역은 해산물은 풍부하지만 곡식이나 채소는 부족합니다. 이때 각 지역은 교류를 통해 자신의 지역에서 풍부하게 생산되는 물건을 팔고, 부족한 물건은 다른 지역에서
（물건을 사고파는 교류）
사 올 수 있습니다.

▷ 지역마다 생산되는 물건이 다르므로, 각 지역은 서로 생산물을 사고팔며 교류합니다.

3 지역 간에는 물건을 사고파는 것뿐만 아니라 기술이나 문화 및 관광 교류가 이루어지기
（교류의 다양한 유형）
도 합니다. 예를 들어 과일을 생산하는 지역은 기술이 발달한 지역과 교류하여 과일의 당도를 높이는 기술 등 새로운 농업 기술을 개발할 수 있습니다. 그러면 더 달콤한 열매가 맺혀 과일을 더 많이 딸 수 있습니다. 또 관광 자원이 풍부한 지역끼리 교류하여 새로운 관광 상품을 개발하기도 합니다.

▷ 각 지역은 기술이나 문화 및 관광 분야에서도 교류합니다.

4 이처럼 각 지역은 교류하며 함께 성장하고 발전해 나갑니다. 각 지역은 생산물을 사고팔며 경제적인 이익을 얻을 수 있고, 사람들은 자신이 사는 지역에 없는 것을 사용할 수 있어
（지역 간 교류의 효과 ①）
편리해집니다. 또 지역의 자연환경이나 문화유산을 찾는 사람들이 많아져 지역이 발전합
（지역 간 교류의 효과 ②）　　　　　　　　　　　　　　　　　　　（지역 간 교류의 효과 ③）
니다.

▷ 각 지역은 교류하며 함께 성장하고 발전합니다.

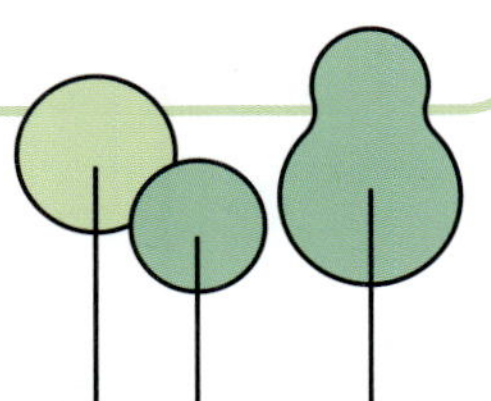

1 ⑤
2 ②
3 ④
4 교류

1 각 지역은 다른 지역과 교류하며 자신의 지역에서 부족한 물건을 다른 지역에서 사 온다.

2 과일의 맛을 더 좋게 하려면 농업 기술이 발달한 지역과 교류하여 부족한 점을 보완할 수 있다.

3 '부족하다'는 '필요한 양이나 기준에 미치지 못해 충분하지 아니하다.'라는 뜻으로, 반대되는 낱말은 '모자람이 없이 넉넉하다.'라는 뜻의 '충분하다'이다.

4 이 글은 지역끼리 서로 교류하며 성장하고 발전해 나간다는 내용을 전달하고 있다.

공부한 서술어를 활용해 말풍선을 완성하세요.

16 일차   끊기다

본문 85~87쪽

정답

1 ②

2 ❶ ㉠
  ❷ ㉡
  ❸ ㉡

3 ②

4 ③

5 ❶ (끊겼다 | (끊었다))
  ❷ ((끊겼다) | 끊었다)

6 ②

7 지진 / 영향

8 ❶ ㉢
  ❷ ㉠
  ❸ ㉡

풀이

1 첫 번째 문장은 '길 등의 통로가 막히다.'라는 뜻의 '끊기다'가 들어가기에 적절하고, 두 번째 문장은 '관계가 이어지지 않게 되다.'라는 뜻의 '끊기다'가 들어가기에 적절하다.

2 ❶은 도로가 끊겼다고 하였으므로 '끊기다'가 '길 등의 통로가 막히다.'라는 뜻으로 쓰였다. ❷와 ❸은 각각 발길과 연락이 끊겼다고 하였으므로 '끊기다'가 '관계가 이어지지 않게 되다.'라는 뜻으로 쓰였다.

3 ㉠은 발길과 손길이 끊어졌다는 의미로, '끊기다'가 '관계가 이어지지 않게 되다.'의 뜻으로 사용되었다.

4 글쓴이는 사람들의 발길과 손길이 끊기면 나무로 만든 건물이 더 빨리 낡기 때문에 나무로 만든 옛 건물을 계속 사용해야 한다고 하였다.

5 ❶은 '그 남자'가 관계를 이어지지 않게 행동한 것으로, '끊었다'가 들어가는 것이 적절하다. ❷는 감염병 때문에 관광객이 관광지에 오지 않게 되었다는 의미로, '끊겼다'가 들어가는 것이 적절하다.

6 이 글에서 지진의 영향으로 도로가 끊길 수 있다고 하였고, 도로가 제대로 기능하지 않았을 때의 문제점을 이야기하고 있으므로 ㉡에는 '끊기면'이나 '끊어지면'이 들어가는 것이 적절하다.

7 이 글은 지진이 우리 생활에 미치는 여러 가지 영향에 대해 설명하고 있다.

8 문장에서 무엇이 끊겼는지를 확인하여 뜻을 구분해 본다. ❶은 탈것인 버스가 끊긴 것으로, '끊기다'가 ㉢의 뜻으로 사용되었다. ❷는 통로인 철길이 끊긴 것으로, '끊기다'가 ㉠의 뜻으로 사용되었다. ❸은 공급되던 전기가 중단된 것으로, '끊기다'가 ㉡의 뜻으로 사용되었다.

17 일차 개발하다

본문 89~91쪽

정답

1 개발했다

2 ❶ ㉠
   ❷ ㉡
   ❸ ㉠

3 ㉠ / ㉡

4 ❶ (개발합니다 | (재배합니다))
   ❷ (개발합니다 | (생산합니다))

5 ②

6 ①

7 ③

풀이

1 새롭게 만드는 것은 '새로운 물건을 만들거나 새로운 생각을 내어놓다.'라는 뜻의 '개발하다'로 바꾸어 쓸 수 있다.

2 ❶과 ❸은 각각 천연자원과 토지를 유용하게 만드는 것에 대해 말하고 있으므로 '개발하다'가 ㉠의 뜻으로 사용되었다. ❷는 새로운 메뉴를 생각해 낸 것이므로 '개발하다'가 ㉡의 뜻으로 사용되었다.

3 ㉠은 경치가 좋은 자연환경을 관광지로 유용하게 만드는 것이므로 ❶의 예에 해당한다. ㉡은 새로운 기술을 만들어 내는 것이므로 ❷의 예에 해당한다.

4 ❶ '재배하다'는 '식물을 심어 가꾸다.'라는 뜻으로, 기후가 따뜻한 지역에서는 감귤을 재배한다. ❷ '생산하다'는 '인간이 생활하는 데 필요한 각종 물건을 만들어 내다.'라는 뜻으로, 석회석이 풍부한 지역에서는 시멘트를 생산한다.

5 이 글에서는 지역마다 자연환경이나 기술, 자원 등이 달라 생산하는 상품이 다르다고 하였다.

6 ㉡은 새로운 기술을 만들어 낸 것이므로 '개발하다'가 '새로운 물건을 만들거나 새로운 생각을 내어놓다.'의 뜻으로 사용되었다. ②~④의 '개발하다'는 이와 같은 뜻으로 사용되었으나, ①의 '개발하다'는 '토지나 천연자원 등을 유용하게 만들다.'의 뜻으로 사용되었다.

7 유글레나에는 친환경 연료로 사용할 수 있는 물질이 포함되어 있기 때문에 유글레나를 길러서 친환경 연료를 생산하는 기술을 개발하였다.

18 일차 

묻히다

본문 93~95쪽

정답

1 ❶ (물 | (흙))
   (보이게 | (보이지 않게))
  ❷ ((큰) | 작은)
   ((남기다) | 없애다)

2 ❶ ㉡
  ❷ ㉠

3 ②

4 ㄷ / 히 / 무치다

5 ②

6 묻혔습니다

7 ③

8 ③

풀이

1 ❶의 '묻히다'는 '물건이 흙이나 다른 물건 속에 넣어져 보이지 않게 덮이다.'의 뜻이다. ❷의 '묻히다'는 '가루, 풀, 물 등을 그보다 큰 다른 물체에 들러붙게 하거나 흔적을 남기다.'의 뜻이다.

2 ❶과 ㉡의 '묻히다'는 '물건이 흙이나 다른 물건 속에 넣어져 보이지 않게 덮이다.'라는 뜻이다. ❷와 ㉠의 '묻히다'는 '가루, 풀, 물 등을 그보다 큰 다른 물체에 들러붙게 하거나 흔적을 남기다.'라는 뜻이다.

3 ㉠은 붓에 물감을 묻게 하는 것으로, '가루, 풀, 물 등을 그보다 큰 다른 물체에 들러붙게 하거나 흔적을 남기다.'의 뜻이다.

4 '묻히다'처럼 받침 'ㄷ' 뒤에 '히'가 오면 [ㅊ]으로 바뀌어 [무치다]로 소리가 난다.

5 받침 'ㄷ', 'ㅌ' 뒤에 모음 'ㅣ'가 오면 각각 [ㅈ], [ㅊ]으로 바뀌어 소리가 난다. 따라서 ②의 '붙이다'는 [부치다]로 소리가 난다.

6 '물건이 흙이나 다른 물건 속에 넣어져 보이지 않게 덮이다.'를 뜻하는 낱말은 '묻히다'로, ㉡은 소리 나는 대로 쓴 '무쳤습니다'를 '묻혔습니다'로 고쳐 쓰는 것이 적절하다.

7 ㉢과 ③의 '묻히다'는 모두 '물건이 흙이나 다른 물건 속에 넣어져 보이지 않게 덮이다.'라는 뜻이다. ①, ②, ④의 '묻히다'는 '가루, 풀, 물 등을 그보다 큰 다른 물체에 들러붙게 하거나 흔적을 남기다.'라는 뜻이다.

8 무령왕릉은 옛날 왕이 묻혀 있는 무덤이다.

19 일차 전시하다

공부한 내용을 잘 이해했나요?

부족함 — 보통 — 잘함

본문 97~99쪽

 정답

1 (한 | (여러))

   ((한곳) | 여러 곳)

   ((보게) | 설명하게)

2 ③

3 ㉢

4 ②

5 ④

6 ②

7 ②

8 전시합니다

9 ②

 풀이

1 '전시하다'는 '여러 가지 물품을 한곳에 벌여 놓고 보게 하다.'라는 뜻이다.

2 '전시하다'라고 표현할 수 있는 대상은 실제 존재하는 물품이어야 하므로 '생각'을 전시한다는 표현은 적절하지 않다.

3 '전시하다'는 '여러 가지 물품을 한곳에 벌여 놓고 보게 하다.'라는 뜻으로, ㉢은 '전시하다'가 아닌 '보관하다', '정리하다' 등의 낱말을 쓰는 것이 적절하다.

4 ㉠의 '전시하다'는 '여러 가지 물품을 한곳에 벌여 놓고 보게 하다.'라는 뜻이다. ①은 '관찰하다', ③은 '개발하다'의 뜻이다.

5 정우네 모둠은 전시 공간을 달에 대한 내용으로 꾸미기로 하였다. 바다거북의 알을 찍은 사진은 전시 주제와 어울리지 않으므로 전시 공간에서 보기 어렵다.

6 정우는 누리집에서 다양하고 흥미로운 내용을 찾았지만, 전시 목적에 맞지 않는 내용은 포함되지 않도록 하였다.

7 '전시하다'는 '여러 가지 물품을 한곳에 벌여 놓고 보게 하다.'라는 뜻으로, 탈춤놀이는 '공연하다' 등과 같이 표현하는 것이 적절하다.

8 여러 유물을 '한곳에 벌여 놓고 보게 하다.'라는 의미로 쓸 수 있는 낱말은 '전시하다'이므로, ㉢은 '전시합니다'와 바꾸어 쓸 수 있다.

9 기념관은 의미 있는 일이나 훌륭한 인물 등을 오래 기억하려고 세운 곳으로, 인물에 대해 알 수 있는 여러 유물을 모아서 전시한다.

20일차 훼손하다

본문 101~103쪽

정답

1	훼손하다	5	②
2	①	6	역사 / 노력
3	㉣	7	③
4	①	8	②
		9	③

풀이

1 밑줄 그은 말은 '헐거나 깨뜨려 못 쓰게 만들다.'라는 뜻의 '훼손하다'와 바꾸어 쓸 수 있다.

2 ②~④는 대상을 못 쓰게 만든다는 뜻의 낱말이지만, ①은 시설이나 물건을 유지하거나 더 좋게 고친다는 뜻의 낱말이다.

3 '훼손하다'는 '헐거나 깨뜨려 못 쓰게 만들다.'라는 뜻으로 ㉠~㉢의 빈칸에는 '훼손하다'를 넣을 수 있다. ㉣은 쓰레기를 주우며 자연을 보호하는 행동을 하는 것으로 '참여하다' 등의 낱말을 쓰는 것이 적절하다.

4 ㉠의 '훼손하다'는 '헐거나 깨뜨려 못 쓰게 만들다.'라는 뜻이다. ②는 '개발하다', ③은 '방문하다'의 뜻이다.

5 지역의 역사를 보존하려면 축제를 열어 지역의 국가유산을 널리 알릴 수도 있다고 하였다.

6 이 글은 지역의 역사를 보존하기 위한 다양한 노력에 대해 이야기하고 있다.

7 '훼손하다'는 '헐거나 깨뜨려 못 쓰게 만들다.'라는 뜻으로, '파손하다', '망가뜨리다' 등의 낱말과 바꾸어 쓸 수 있다. 따라서 '훼손하지 않고'는 '망가뜨리지 않고'와 바꾸어 쓸 수 있다.

8 이 글은 야외에서 동물과 식물을 탐구할 때 우리가 지켜야 할 행동에 대해 설명하고 있다.

9 동물이나 식물을 탐구하려고 야외 활동을 할 때는 정해진 활동 장소에서 벗어나지 않아야 한다.

본문 104쪽

독해 Point 이 글은 4학년 1학기 과학 교과서 내용 중 적정 기술에 대해 살펴보는 글입니다. 적정 기술의 개념을 이해하고 다양한 적정 기술의 사례를 살펴보며 글을 읽어 보세요.

1 　적정 기술은 그 기술을 사용하는 지역의 상황에 맞게 만들어 계속해서 사용할 수 있게 만든 기술입니다. 주로 개발이 덜 이루어진 지역에서 필요한데, 도움의 손길이 ㉠끊겨도 적정 기술을 활용하여 부족하고 불편한 부분을 스스로 보완할 수 있기 때문입니다. 전문가들은 자연을 함부로 훼손하지 않고 그 지역에서 쉽게 활용할 수 있는 다양한 적정 기술을 개발하고 있습니다. 또 적정 기술로 만든 장치를 전시하며 적정 기술을 널리 알리기도 합니다.

⇨ 적정 기술은 지역의 다양한 상황에 맞게 만들어져 계속해서 사용할 수 있는 기술입니다.

2 　아프리카에는 풍부한 광물 자원이 묻혀 있지만 지역에 따라 물이 더럽거나 부족하기도 하고, 전기가 들어오지 않는 곳이 많아 이를 위한 적정 기술을 활용하는 경우가 있습니다.

생명 빨대는 오염된 물을 정화하여 깨끗한 물을 마실 수 있게 하는 적정 기술입니다. 생명 빨대를 오염된 물에 넣고 물을 빨대로 빨아들이면, 빨대 안에서 물이 걸러져 깨끗해집니다.

⇨ 생명 빨대는 오염된 물을 깨끗하게 마실 수 있도록 돕는 적정 기술입니다.

3 　와카 워터는 물이 부족한 지역에서 물을 얻을 수 있는 적정 기술입니다. 그 지역에 자라는 와카나무의 줄기를 엮어서 만든 틀에 물방울이 잘 달라붙을 수 있도록 촘촘한 그물을 달아 만듭니다. 그물에는 온도가 달라지며 생긴 물방울이 맺히고 이 물방울을 모아 물을 얻습니다. 와카 워터의 아래쪽은 낮에 뜨거운 햇빛을 막아 물의 증발을 막고, 사람들이 쉴 수 있는 공간이 됩니다.

⇨ 와카 워터는 물을 얻을 수 있도록 돕는 적정 기술입니다.

4 　소켓 볼은 공놀이를 하면서 전기를 만들 수 있도록 만들어진 장치입니다. 이 장치는 공을 발로 차면 생기는 충격을 전기로 바꿉니다. 이렇게 모은 전기로 전자 제품을 사용하거나 밤에 전등을 켤 수 있습니다. 소켓 볼은 전기가 부족한 지역에 큰 도움을 줍니다.

⇨ 소켓 볼은 공놀이를 하면서 전기를 만들 수 있는 적정 기술입니다.

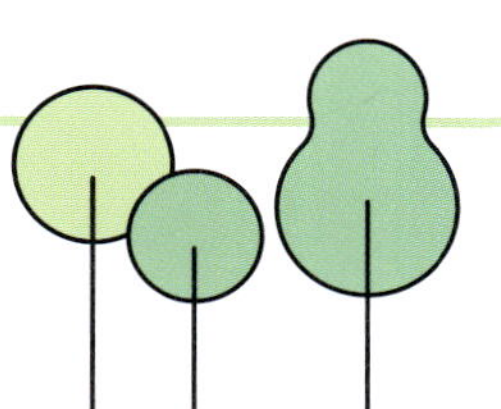

1 적정 기술

2 ❶ (보호하지 | **훼손하지**) ❷ (**개발하고** | 사용하고) ❸ (**부족한** | 풍족한)

3 ❶ ㄷ ❷ ㄱ ❸ ㄴ

4 ④

1 이 글은 기술을 사용하는 지역의 상황에 맞게 만들어 계속해서 사용할 수 있게 만든 적정 기술에 대해 설명하고 있다.

2 ❶ 적정 기술은 자연을 함부로 훼손하지 않고 활용할 수 있도록 만들어진다. ❷ 적정 기술은 주로 아프리카와 같이 개발이 덜 이루어진 곳에서 사용하며, 전문가들은 다양한 적정 기술을 개발하고 있다. ❸ 아프리카는 물과 전기가 부족하기 때문에 이를 보완할 수 있는 '와카 워터'나 '소켓 볼' 등의 적정 기술을 활용한다.

3 물이 부족한 지역에서는 물을 얻을 수 있는 와카 워터를, 전기가 부족한 지역에서는 전기를 만들어 내는 소켓 볼을 활용할 수 있다. 또 오염된 물을 마셔야 하는 지역에서는 휴대용 정수기 같은 개념의 생명 빨대를 활용할 수 있다.

4 ㉠의 '끊기다'는 '관계가 이어지지 않게 되다.'라는 뜻으로, ①, ②, ③, ⑤가 같은 뜻으로 사용되었다. ④의 '끊기다'는 전기나 가스와 같이 '공급되던 것이 중단되다.'라는 뜻이다.

공부한 서술어를 활용해 말풍선을 완성하세요.

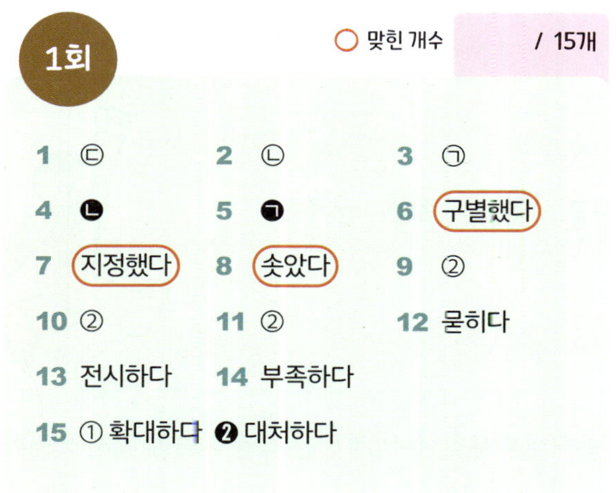

본문 106~107쪽

10 첫 번째 문장은 '두 사람 이상이 한 물건을 공동으로 소유하거나 이용하다.'라는 뜻으로, 두 번째 문장은 '정보나 의견, 감정 따위를 나누다.'라는 뜻으로 '공유하다'를 사용하는 것이 적절하다.

11 '생산하다'는 '인간이 생활하는 데 필요한 각종 물건을 만들어 내다.'라는 뜻으로, 반대되는 의미의 낱말은 '돈이나 물자, 시간, 노력 따위를 들이거나 써서 없애다.'라는 뜻의 '소비하다'이다.

12 빵가루를 고구마에 들러붙게 할 때 '묻히다'를 사용한다.

13 여러 작품을 한곳에 벌여 놓고 보게 할 때 '전시하다'를 사용한다.

14 노동력이 필요한 양이나 기준에 미치지 못해 충분하지 않을 때 '부족하다'를 사용한다.

15 현미경으로 물체를 크게 볼 때 '확대하다'를 사용한다. 위험한 재난 상황에 알맞은 조치를 취할 때 '대처하다'를 사용한다.

---

1 '보관하다'의 뜻에 해당한다.

2 '개발하다'의 뜻에 해당한다.

3 '새기다'의 뜻에 해당한다.

4 ㉠은 '맞히다'의 뜻에 해당한다.

5 ㉠은 '집어넣다'의 뜻에 해당한다.

6 물체를 종류에 따라 갈라놓을 때 '구별하다'를 사용한다.

7 나라에서 자연에 국립 공원이라는 특정한 자격을 주는 것이므로 '지정하다'를 사용한다.

8 용기와 같이 사람의 몸이나 마음속에 힘이나 의욕 따위가 생겨날 때에는 '솟다'를 사용한다.

9 이 문장에서 '차단하다'는 '액체나 기체 따위의 흐름 또는 통로를 막거나 끊어서 통하지 못하게 하다.'라는 뜻으로 사용되었고, '막다'와 바꾸어 쓸 수 있다.

2회

맞힌 개수 / 15개

1 ㉢	2 ㉣	3 ㉡
4 ㉠	5 ㉠	6 ㉡
7 ③	8 ①	9 끊겨서
10 새겨서	11 ③	12 ③
13 ②, ④	14 측정하다	15 개발하다

1 '대처하다'는 '어떤 정세나 사건에 대하여 알맞은 조치를 취하다.'라는 뜻이다.

2 '생산하다'는 '인간이 생활하는 데 필요한 각종 물건을 만들어 내다.'라는 뜻이다.

3 '전시하다'는 '여러 가지 물품을 한곳에 벌여 놓고 보게 하다.'라는 뜻이다.

4 '훼손하다'는 '헐거나 깨뜨려 못 쓰게 만들다.'라는 뜻이다.

5 눈물이 생겨 매달리게 될 때 '맺히다'는 ㉠의 뜻이다.

6 열매가 생겼을 때 '맺히다'는 ㉡의 뜻이다.

7 많은 사람이 농사를 지어 넉넉한 상황에서는 '충분하다'를, 바닷가에서 멀리 떨어져 있어 해산물이 넉넉하지 않은 상황에는 '부족하다'라는 낱말을 사용한다.

8 ①의 '묻히다'는 '물건이 흙이나 다른 물건 속에 넣어져 보이지 않게 덮이다.'라는 뜻이고, ②와 ③의 '묻히다'는 '가루, 풀, 물 따위를 그보다 큰 다른 물체에 들러붙게 하거나 흔적을 남기다.'라는 뜻

이다.

9 외부적인 상황으로 인해 관계가 이어지지 않게 될 때 '끊기다'를 사용한다.

10 나무로 만든 판에 모양을 팔 때에는 '새기다'를 사용한다.

11 이 문장에서 '발달하다'는 '학문, 기술, 문명, 사회 따위의 현상이 보다 높은 수준에 이르다.'라는 뜻으로 사용되었다.

12 '대처하다'는 '어떤 정세나 사건에 대하여 알맞은 조치를 취하다.'라는 뜻으로, '어떤 일이나 사태에 맞추어 태도나 행동을 취하다.'라는 뜻의 '대응하다'와 바꾸어 쓸 수 있다.

13 경제 상황이 좋아져서 신입 사원을 뽑는 규모를 더 크게 한다는 문장이 적절하므로, '늘리다'와 '확대하다'를 사용한다.

14 창문의 길이를 잴 때 '측정하다'를 사용한다.

15 새로운 기술을 만들어 낼 때 '개발하다'를 사용한다.

31

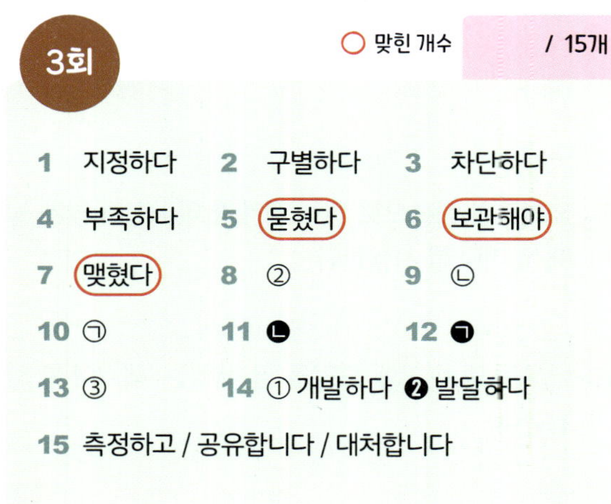

3회

○ 맞힌 개수 / 15개

1 지정하다　2 구별하다　3 차단하다
4 부족하다　5 묻혔다　6 보관해야
7 맺혔다　8 ②　9 ㉡
10 ㉠　11 ㉤　12 ㉢
13 ③　14 ① 개발하다 ❷ 발달하다
15 측정하고 / 공유합니다 / 대처합니다

1 '지정하다'의 뜻에 해당한다.

2 '구별하다'의 뜻에 해당한다.

3 '차단하다'의 뜻에 해당한다.

4 '부족하다'의 뜻에 해당한다.

5 걸레에 물의 흔적을 남길 때 '묻히다'를 사용한다.

6 음료를 냉장고에 둘 때 '보관하다'를 사용한다.

7 이마에 땀이 생길 때 '맺히다'를 사용한다.

8 '따로 떼어 내어 한곳에서 헤아리지 아니하다.'라는 뜻의 '제외하다'는 '전체에서 일부를 제외하거나 덜어 내다.'라는 뜻을 가진 '빼다'와 바꾸어 쓸 수 있다.

9 마음속에서 흥이 생겨날 때 '솟다'는 ㉡의 뜻이다.

10 산이 위로 나온 상태일 때 '솟다'는 ㉠의 뜻이다.

11 야생 동물이 텃밭을 망가뜨릴 때 '훼손하다'를 사용한다.

12 발명품을 강당에 놓고 보여 줄 때 '전시하다'를 사용한다.

13 '모양이나 규모 따위를 줄여서 작게 하다.'라는 뜻의 '축소하다'와 반대되는 낱말은 '모양이나 규모 따위를 더 크게 하다.'라는 뜻의 '확대하다'이다.

14 새로운 상품을 만들어 낼 때 '개발하다'를 사용한다. 강변에 습지 지형이 크게 형성되었을 때 '발달하다'를 사용한다.

15 미세 먼지의 농도를 잴 때에는 '측정하다'를 사용하고, 정보를 사람들과 나눌 때에는 '공유하다'를 사용한다. 또 미세 먼지가 나쁨 수준일 때 적절하게 조치를 취할 때에는 '대처하다'를 사용한다.